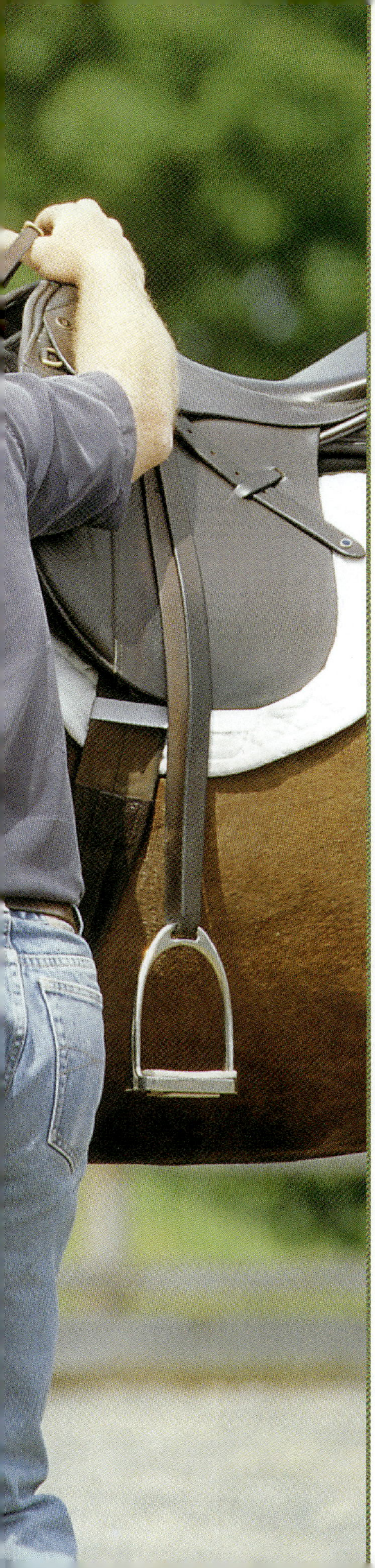

Dein Traumpferd

in 20 Minuten täglich

Ein Trainings-Programm in drei Schritten für jedes Pferd

Richard Maxwell
& Johanna Sharples

Müller Rüschlikon

Einbandgestaltung: Dos Luis Santos

Alle Fotos stammen von Matthew Roberts außer: Bob Atkins (S. 25, 29, 34, 35 links, 37, 40, 41), Kit Houghton (S. 105), Your Horse magazine/Angus Murray (S. 27 oben)
Grafik S. 122 Maggie Raynor

Originalausgabe erschienen 2003 bei David & Charles, Brunel House, Newton Abbot, Devon, TQ12 4 PU, England unter dem Titel Unlock Your Horse's Talent

Sie finden uns im Internet unter
www.mueller-rueschlikon.ch

ISBN 3-275-01516-8

Deutschsprachige Ausgabe: Aus dem Englischen übersetzt von Dorothea Heaton

1. Auflage 2004

Lektorat: Claudia König
Satz: TEBITRON GmbH, Gerlingen
Druck und Bindung: Stige SpA, I-10099 San Mauro (Torino)
Printed in Italy

INHALTSVERZEICHNIS

Ein Lebensstil

Die Reiterei und der Umgang mit Pferden ist mehr Lebensstil als Sport. Die meisten Menschen, die sich mit Pferden beschäftigen, ich eingeschlossen, versuchen ihr Leben lang so viel wie möglich über sie zu lernen. Sie haben das Bedürfnis, durch eine feinere Verständigung mit ihrem Pferd, eine Verbesserung ihrer Technik, oder größerem Vertrauen einer harmonischen Partnerschaft etwas näher zu kommen. Einige Menschen machen ihr Streben nach Verbesserung von materiellen Dingen abhängig – sie meinen, ihr Ziel schneller zu erreichen, wenn sie sich einen größeren Transporter, mehr Unterrichtsstunden oder ein besseres Pferd leisten. Vielleicht erkennen sie später, dass sie einem Phantom hinterhergelaufen sind, denn nichts ändert diese grundlegende Wahrheit: Pferde geben einem im Allgemeinen, was man verdient, nicht was man erwartet oder glaubt zu verdienen. Ich sage bewusst für gewöhnlich, denn zum Glück verhalten sich die Pferde unseren Fehlern gegenüber meistens äußerst tolerant. Meiner Erfahrung nach geben sie uns tatsächlich weit mehr als wir verdienen.

Pferde geben einem im Allgemeinen, was man verdient, nicht was man erwartet oder glaubt zu verdienen.

Wichtig ist die Einsicht, dass wir nicht einfach dadurch Recht haben, weil das Pferd uns unsere Fehler nicht vorhält. Wie leicht kann es passieren, dass wir in dem Bemühen, unsere Reiterei mit anderen Verpflichtungen in Einklang zu bringen, frustriert sind und seine Toleranz missbrauchen, insbesondere, wenn wir alles daran setzen, unsere Leistung zu steigern, ohne genaue Vorstellung, wie dies zu erreichen ist. Oder aber wir glauben, uns fehle die Zeit oder das Können, es »richtig« zu machen. Auch ich gehöre mit Sicherheit zu denjenigen, die über die Jahre in diese Falle geraten sind und dies hat teilweise zur Entwicklung, der in diesem Buch aufgezeigten Methoden geführt.

WIE MACHE ICH ES RICHTIG?

Also was ist nun der »richtige« Weg, ein Pferd auszubilden? Meiner Meinung nach gibt es nicht einfach einen Weg, sondern bestimmte Prinzipien, die sich in vielen verschiedenen Situationen bewahrheiten; insbesondere sind das Methoden, die ich in beinahe jeder Situation für effektiv befunden habe. Ich habe mich bemüht, diese Prinzipien und Methoden dem Leser in diesem Buch näher zu bringen, sie sind jedoch auch nicht unumstößlich. Ich lerne ständig von den Pferden und Menschen, denen ich täglich begegne, dazu.

Ich möchte allen Pferdebesitzern raten, so genannten »Gurus« und allen, die von sich behaupten, die perfekte Methode gefunden zu haben, mit äußerster Skepsis zu begegnen. Allzu oft meinen sie, die »einzige« Methode entdeckt zu haben. Ein solcher Dogmatismus führt dazu, dass sie sich anderen Möglichkeiten gegenüber verschließen und nicht bereit sind, vom Wissen anderer, die vielleicht einen anderen Weg verfolgen, zu profitieren. Wie heißt es so schön: Viele Wege führen nach Rom. Die Wahl hängt davon ab, wie viel Zeit man sich nehmen und wo man verweilen möchte; auch davon, welches Programm für das jeweilige Pferd am besten geeignet ist. Jeder, der einen guten Plan verfolgt und die Geduld aufbringt, das Tempo dem Pferd anzupassen, wird eines Tages auch zum Ziel kommen! Das soll aber nicht heißen, dass eine geringe Erwartungshaltung der Weg zum Erfolg ist.

Leistung ist für uns alle wichtig, egal ob wir an Turnieren teilnehmen oder nicht. Wer möchte nicht gerne recht bald ein gut erzogenes, sicheres und zuverlässiges Pferd, mit dem es Freude macht, sich zu beschäftigen? Das ist das Mindeste, das wir alle von unseren Pferden, unabhängig von Größe, Rasse oder Verwendungszweck, erwarten sollten.

Was sich die meisten von ihren Pferden wünschen, ist Leistung ohne Einschüchterung, Gehorsam ohne Dominanz und Spaß ohne Verlust an Respekt.

Wir möchten, dass uns jeder Moment, den wir mit unseren Pferden verbringen, erfüllt. Die Mehrheit von uns beschäftigt sich zum Vergnügen mit ihren Pferden, was oftmals mit erheblichem finanziellen und

Was sich die meisten von ihren Pferden wünschen, ist Leistung ohne Einschüchterung, Gehorsam ohne Dominanz und Spaß ohne Verlust an Respekt.

persönlichen Aufwand verbunden ist.

Also wünschen wir uns nichts mehr, als diese Zeit auch zu genießen, was nicht bedeutet, dass es immer einfach sein wird.

DIE REGELN DER PFERDE

Will man einen Lernprozess beginnen, darf man sich nicht auf einer Stufe ausruhen. Ich wurde immer von dem Bedürfnis angetrieben, weiterzukommen und Fortschritte zu machen. Ich war früher – übrigens auch heute noch – sehr ehrgeizig, habe aber gelernt, diesen Ehrgeiz in eine positivere Richtung zu lenken. Meiner

Ansicht nach geht es in der Ausbildung eines Pferdes nicht darum, dass der Mensch gewinnt und das Pferd verliert. In einer Pferdeherde halten sich alle an gewisse Spielregeln, daher ist es nur allzu leicht, so manipulierend einzuwirken, dass das Pferd als Verlierer dasteht. Die Menschen halten sich aus verschiedenen Gründen nicht an Spielregeln, meistens aus Unkenntnis und nicht aus willkürlicher Rohheit. Manchmal handeln wir auch aus Frustration heraus, weil

Der wahre Erfolg liegt darin, eine Situation zu schaffen, in der Pferd und Mensch als Gewinner hervorgehen.

wir einfach nicht mehr weiterwissen.

Dieses Buch soll als Ratgeber dienen, wie man sich nach den Regeln der Pferde verhält. Es soll dazu anregen, die Effektivität der eigenen Methoden zu überdenken sowie einige Lösungsvorschläge und Alternativen aufzeigen. Der wahre Erfolg liegt darin, eine Situation zu schaffen, in der Pferd und Mensch als Gewinner hervorgehen. Als der angeblich überlegenere Partner liegt es an uns, die notwendigen Fähigkeiten zu erlernen.

MAN KANN NIE ZU VIEL WISSEN

Ich hatte das Glück, meinen Lebensunterhalt bereits mit Pferden zu verdienen, während ich mich noch in meiner Lernphase befand. Was mich jedoch am meisten inspiriert hat, immer weiter dazuzulernen, sind die Herausforderungen, die meine eigenen Pferde über die Jahre hinweg an mich gestellt haben. Auch wenn ich mich heute mit mehreren hundert Pferden im Jahr beschäftige, so ist für mich der Umgang mit meinen eigenen Tieren Inbegriff von Freude, Anregung und Entspannung. Dabei bin ich stets auch bemüht, mich weiterzuentwickeln. Denn darum geht es. Dieses Buch und meine jüngsten Vorführungen spiegeln meinen derzeitigen Wissensstand wider. Vielleicht werde ich in ein paar Jahren mit Hilfe neuer Erfahrungen meine Methoden nochmals etwas ändern, während ich mich langsam auf dem Weg, den schon so viele andere Pferdemenschen vor mir gegangen sind, weiterbewege. In der Zwischenzeit bemühe ich mich, von allen Pferden und Menschen, denen ich begegne, zu lernen.

Nichts was ich tue ist so elementar, dass ich es niemals ändern würde. Nur so kann man seinen Horizont erweitern und sich auch weiterentwickeln. Man kann von jedem etwas lernen und sei es nur die Einsicht, wie man etwas nicht machen will. So haben mich auch die extrem schwierigen Pferde, denen ich im Laufe der Zeit begegnet bin, stark beeinflusst. Der Umgang mit Pferden, die beim Reiten schwierig, ja sogar gefährlich sind, hat mich gezwungen, nach Lösungen und Methoden der Verständigung außerhalb der Reiterei zu suchen. Dabei habe ich die einzelnen Lernschritte stark vereinfacht, um das Vertrauen und die Mitwirkung des Pferdes zurückzugewinnen. Angesichts solch großer Herausforderungen und im Wissen, nichts verlieren zu können, werde ich gezwungen, über meine Grenzen hinauszugehen und außerhalb der vertrauten Verhaltensmuster zu agieren. Wenn ich sehe, dass mein Versuch Erfolg gehabt hat, so ist dies für mich das größte Lob. Es sind auch jene unglücklichen Pferde, die mich gelehrt haben, Misserfolge als Teil des Lernprozesses und als Gelegenheit neue Methoden auszuprobieren, anzunehmen. Sie haben mir auch meine Grenzen aufgezeigt.

DAS PRINZIP VON DRUCK UND ENTSPANNUNG

Um ein schwieriges Pferd als Basis für die weitere Ausbildung wieder auf einen gemeinsamen Nenner der Verständigung zu bringen, ist zunächst einmal Bodenarbeit angesagt. Hier muss das Pferd lernen, dem Druck auszuweichen, in welcher Form auch immer, um diesen Druck wieder lösen

Zunächst muss man verstehen, warum man tut, was man tut – dann ist man auf dem richtigen Wege, die eigenen Probleme analysieren, lösen und auch vermeiden zu können.

zu können. In diesem Moment, egal wie kurz er ist oder wie viel Zeit ich dafür aufwenden muss, kann ich das Pferd so für sein positives Verhalten belohnen.

Diese Methode lässt sich nicht nur auf Problempferde anwenden – dies wird im Verlauf dieses Buches klar werden – Pferde jeglichen Alters, Könnens oder Ausbildungsstandes profitieren davon. Sie schafft eine gute Grundlage, auf der man aufbauen kann.

Monty Roberts, Pat Parelli, Ray Hunt, Rob Hoekstra, Jennie Lorriston-Clarke und Andy Andrews – sie alle haben mich inspiriert und zum Nachdenken angeregt, wofür ich ihnen sehr dankbar bin. Man kann jedoch nicht einfach viele Zutaten in einen Topf werfen und erwarten, dass etwas Perfektes dabei herauskommt. Tut man dies und funktioniert es auch, so ist das eher Glück als kluges Urteilsvermögen, und man wird das nächste Mal auch nicht unbedingt auf dasselbe Ergebnis kommen! Also habe ich mit meinem jetzigen Wissen eine logische Methode entwickelt, die, wie ein gutes Rezept an andere weitergegeben und mit guten Ergebnissen in verschiedenen Situationen wiederholt werden kann, selbst wenn nur begrenzt Zeit, Erfahrung und Trainingsmöglichkeiten zur Verfügung stehen. Probieren geht über Studieren, und zahllose Pferde haben mir bewiesen, dass meine Methode gut ist. Und doch hoffe ich, dass sie sich mit der Zeit und durch noch mehr Erfahrung noch verfeinern lässt.

Meine Arbeit basiert auf der Überzeugung, dass das Entziehen der Pferde (angefangen von einem geringen Mangel an Kooperation bis zu erheblichen Verhaltensproblemen – alles verschiedene Stadien des Sich-Entziehens) darauf zurückzuführen ist, dass sie es nicht schaffen, mit den drei verschiedenen Arten von Druck – physischer, psychologischer und emotionaler Art – die ihnen im Laufe ihres domestizierten Lebens auferlegt werden, zurechtzukommen. Dieses Sich-Entziehen zeigt sich entweder in einer langsamen Reaktion, keiner Reaktion oder einer Hyperreaktion auf unsere Anforderungen.

SELBST IST DER MANN

Wenn es um die weitere Ausbildung ihrer Pferde oder um die Lösung von Problemen geht, gehen die meisten Besitzer entweder einen Kompromiss ein oder ziehen einen »Experten« zu Rate, vielleicht weil sie glauben, aus Mangel an Zeit, Wissen, Erfahrung oder Können ihre Pferde nicht selbst ausbilden zu können. Das ist falsch. Die hier aufgezeigten Methoden benötigen lediglich 20 Minuten pro Tag, und es sind keine besondere Ausrüstung oder Vorrichtungen notwendig. Alles, was man braucht, sind gesunder Menschenverstand, ein grundlegendes Verständnis der Psyche des Pferdes und den Willen, sich an eine logisch aufgebaute Methode zu halten, die die Grundlinien der Kommunikation zwischen Pferd und Reiter klarifiziert und erweitert.

IST ES LIEBE?

Zunächst muss man erkennen, dass Pferde nicht wie Menschen Liebe geben und auch nicht verstehen können, dass sie uns lieben sollen, nur weil wir sie lieben. Pferde verstehen Respekt und Rangordnung. Kann der Mensch dem Pferd nicht verständlich machen, dass er der Chef ist, wird das Pferd ihn auch nicht respektieren. Um sich diesen Respekt zu verschaffen, bedarf es weder Gewalt, Peitsche oder Sporen. Voraussetzung ist, dass das Pferd lernt, dem Menschen genügend Vertrauen entgegenzubringen, um physisch, psychisch und emotional den Forderungen und Entscheidungen des Menschen nachzugeben.

Wie benutze ich dieses Buch?

Die in diesem Buch beschriebene Methode befasst sich mit dem physischen, psychischen und emotionalen Druck in drei einfachen Stufen. Es soll dazu beitragen, dass sich das Pferd so entwickelt, dass es physisch und psychisch im Gleichgewicht ist und sich wohl fühlt; es soll zu einem Pferd werden, an dem man Freude haben kann und mit dem man sich sicher fühlt.

TEIL EINS: BODENARBEIT

Für mich beginnt der Prozess der Kommunikation mit der Bodenarbeit. Das Grundprinzip hierbei ist, dass das Pferd lernt, Druck nachzugeben, um sich wieder entspannen zu können. Die einfachste Methode, das Pferd an dieses Prinzip von Druck und Entspannung zu gewöhnen, ist die Arbeit mit einem Strickhalfter. Ich übe Druck auf Nase und Genick des Pferdes aus und gebe sofort in dem Moment, in dem das Pferd keinen Widerstand mehr leistet und in die gewünschte Richtung tritt, nach. Das Pferd wird für seine Mitarbeit doppelt belohnt: erstens durch das sofortige Nachlassen des Drucks und zweitens durch ein Lob des Menschen. Pferde brauchen nicht lange, um herauszufinden, wie sie sich das Leben leichter machen können, und dass das Eingehen auf eine einfache Aufforderung schnell in den »Wohlfühlbereich« zurückführt!

TEIL ZWEI: BODENARBEIT AUF DISTANZ

Es ist relativ einfach, das Pferd um sich herumzubewegen, wenn man direkt daneben steht. Funktioniert dies jedoch auch noch aus einer gewissen Entfernung? Der nächste Schritt besteht darin, diese Methode weiter auszubauen, indem wir das Pferd mit einer kurzen Bewegung des Seils in Richtung Hinterhand von uns wegschicken, bis es uns umkreist. Es muss auf den leisesten Druck am Halfter anhalten oder noch besser, auf die erste Andeutung, dass Druck durch das Seil ausgeübt wird. Mit der Zeit sollte das Pferd so fein darauf abgestimmt sein, den Druck durch das Halfter zu vermeiden, dass es allein mit den Fingerspitzen dirigiert werden kann. So beginnt das Erlernen der Selbsthaltung – hat das Pferd erst einmal gelernt, sich nicht auf die Hand zu legen, lässt sich dieses Konzept auch auf die Arbeit unter dem Sattel übertragen.

TEIL DREI: VERSTÄNDIGUNG UNTER DEM SATTEL

Probleme beim Reiten werden unweigerlich in der Arbeit am Boden reflektiert. Ist das Pferd schwer, träge und unwillig an der Hand, wird es sich unter dem Sattel nicht anders verhalten. Die Grundlagen, dem Pferd Leichtigkeit und Selbsthaltung beizubringen, sind viel einfacher, als man denkt. Die Antwort ist in der Bodenarbeit zu finden. Indem wir vom Pferd während des Kreisens und der Arbeit an der Hand Selbsthaltung verlangen, bereiten wir es körperlich vor. Legen wir auf diese Weise eine solide und dauerhafte Grundlage, wird es dem Pferd leicht fallen, auch mit dem zusätzlichen Gewicht des Reiters, leicht in der Hand, versammelt und ausbalanciert vorwärts zu gehen. Das Ergebnis? Ein »Engelskreis« – das Pferd fühlt sich körperlich wohl und in der Lage, die ihm gestellten Aufgaben auszuführen. Es hat gelernt, sofort auf minimalen Druck zu reagieren, so dass der Reiter mit den kleinsten Hilfen auskommen und das Reiten ohne störende Einwirkung genießen kann.

Das letzte Kapitel beschäftigt sich mit so genannten Problempferden und bietet einige Lösungsansätze, um die eigentliche Ursache herauszufinden und sie zu beheben. Außerdem wird auf einige der häufiger auftretenden Schwierigkeiten eingegangen, und es werden Lösungen aufgezeigt, die von jedermann ausprobiert werden können.

Selbst ist der Mann

Meine Methode funktioniert wirklich, ich erwarte jedoch nicht, dass man mir das so einfach abnimmt. Leider gibt es nur allzu viele Leute, die mit unfundierten Ratschlägen nicht geizen; das Entscheidende ist jedoch immer das Ergebnis.

Wie immer, wenn man an einer neuen Methode arbeitet, muss zunächst einmal die gesamte Vorgehensweise sorgfältig geprüft werden, um herauszufinden, ob sie sinnvoll und für das jeweilige Pferd überhaupt geeignet ist. Versteht man den Sinn seines Tuns, so ist das schon der erste Schritt, um die eigenen Probleme zu analysieren und zu lösen und schließlich die meisten von ihnen auch zu verhindern.

Manche Pferdebesitzer haben sich schon so an den Zustand von mangelndem Respekt und mangelnder Zusammenarbeit zwischen ihnen und ihrem Tier gewöhnt, dass ihnen vielleicht nicht einmal bewusst ist, überhaupt ein Problem zu haben. Nur in Extremfällen verwandeln sich »Problempferde« in wütende, lebensbedrohende »Monster«; meistens äußern sich die Anzeichen von Verwirrung, mangelndem Verständnis und Respekt auf wesentlich subtilere Art. Wie viele Reiter kennen Sie, deren Pferde sich verladen lassen, die ruhig stehen bleiben, sich anbinden, ins Gelände reiten, scheren, einfangen, entwurmen, satteln, abdecken, putzen oder longieren lassen ... – und das in völliger Gelassenheit immer und überall?

Manche Menschen haben eine so geringe Erwartungshaltung, dass sie schon dankbar sind, wenn sie ihr Pferd überhaupt irgendwie reiten können. Jedes Problem hat jedoch auch einen Ursprung, und wir müssen uns fragen, worin dieser liegt und warum die ersten wichtigen Anzeichen im Verhalten des Pferdes ignoriert oder falsch interpretiert wurden. Dann müssen wir unsere Methoden, die immer wieder dieselben Probleme hervorrufen, überdenken.

Von der Theorie zur Praxis

Im Laufe der Jahre ist mir klar geworden, dass meine Methoden am besten Reiter und Pferd gemeinsam beigebracht werden. So verstehen beide, was von ihnen erwartet wird und es entsteht weniger Raum für Missverständnisse.

Muss man dieses Buch wirklich lesen?

Stellen Sie sich folgende Fragen:

- Bin ich mit der Beziehung zwischen mir und meinem Pferd völlig zufrieden?
- Überprüfe ich regelmäßig mein Denken und meine Handlungsweise beim Reiten und im Umgang mit dem Pferd?
- Ist es in jeder Beziehung eine Freude, mein Pferd zu reiten, mit ihm umzugehen und es zu besitzen?
- Vertraut es mir immer und überall?
- Überträgt es dieses Vertrauen auch auf andere und benimmt sich dann ebenfalls tadellos?
- Übernehme ich die Verantwortung für das Verhalten meines Pferdes und bin ich auch in der Lage, alle negativen Aspekte seines Verhaltens zu ändern?
- Ist mein Pferd physisch so stark und ausbalanciert, dass es seine Arbeit mit Freude und Leichtigkeit ausführen kann?
- Habe ich das optimalste Maß an Verständigung mit meinem Pferd erreicht?

Ist die Antwort auf eine der obigen Fragen auch nur ein zögerliches Nein, dann lesen Sie bitte weiter. Wie schon gesagt, man kann von jedem etwas lernen, und wenn es nur die Bestätigung dafür ist, wie man etwas nicht machen möchte.

Früher wollte ich immer den Pferden helfen, bis mir klar wurde, wie einseitig dies war. Ich konnte nicht immer allen Pferden helfen und ich tat ihnen keinen Gefallen, wenn ich sie an ihre Besitzer zurückgab und die meine Methoden nicht verstanden. Also entschloss ich mich stattdessen, den Leuten dabei zu helfen, ihren Pferden zu helfen. Ich verzichtete auf den Round Pen, der zu einem so vertrauten Hilfsmittel für alle, die sich mit natürlichem Horsemanship beschäftigen, geworden ist. Ich benutze ihn einfach deshalb nicht mehr, weil die meisten Leute keinen haben. Das Einzige, das ich heute zu meiner Arbeit benötige, ist die Intelligenz des Pferdes und das Verständnis des Reiters.

Somit geht es in diesem Buch nicht nur um die Ausbildung von Pferden, es geht vielmehr darum, dem Menschen zu helfen, sein Pferd auszubilden. Als Pferdeliebhaber hoffe ich, dass genau dies auch das Ergebnis sein wird.

Zehn Regeln für ein effektives Training

Die Arbeit mit dem Pferd sollte erst nach genauem Studium der folgenden Punkte begonnen werden!

1 Wichtig ist der logische Aufbau. In jedem Pferd steckt ein wildes Tier, und es kann seine Ängste nur durch wiederholtes Heranführen an neue Erfahrungen überwinden. Sein Verhalten wird davon geprägt, wie angenehm diese Erfahrungen ausfallen. Widersetzt sich das Pferd gegen eine Sache, so rührt das wahrscheinlich daher, dass es durch ein Negativerlebnis schon schlechte Erfahrungen gemacht hat.

2 Fordern Sie Misserfolge nicht heraus. Wenn alles gut klappt, ist oft die Versuchung da, so lange wie möglich weiterzumachen. Gutes Horsemanship bedeutet auch zu wissen, wann man aufhören muss.

3 Seien Sie ehrlich in der Beurteilung Ihres Pferdes. Bedenken Sie seine physischen und psychischen Fähigkeiten – wo sind seine Grenzen, wo seine Stärken?

4 Seien Sie anpassungsfähig. Ändert sich durch das derzeitige Training nichts, müssen die Methoden geändert oder verbessert werden. Dazu gehört die Bereitschaft, anderen zuzusehen und zuzuhören, Fragen zu stellen und das ganze Leben lang immer weiter zu lernen.

5 Gliedern Sie die Trainingseinheiten in kleine, logische Abschnitte, die sich gut in den Tagesablauf einfügen lassen und deren Fortschritte überprüfbar sind, immer in dem Bewusstsein, was man gerade erreichen möchte. Etwas bis zum bitteren Ende durchzuziehen ist nicht unbedingt der effektivste Weg, ein Pferd auszubilden. Wichtig sind die regelmäßigen Fortschritte, seien sie noch so klein. Der Reiter muss das Training in einem guten Moment beenden, nicht das Pferd in einem schlechten.

6 Geben Sie dem Pferd stets klare, faire und konsequente Anweisungen. Es darf keine Grauzonen, keine Bestechung, keine leeren Drohungen und kein Herumnörgeln geben, wenn das Pferd sich bereits redlich bemüht. Diese Regeln gelten auch für alle anderen, die sich mit Ihrem Pferd beschäftigen. Sagen Sie ihnen, wie sie reagieren sollen, wenn Sie nicht da sind und erklären Sie warum, damit das Pferd jedes Mal die gleiche Reaktion auf sein Verhalten erfährt.

7 Der Teufel steckt im Detail – auch die kleinen Dinge sind wichtig. Wenn das Pferd Sie beinahe umrennt, um in die Koppel zu gelangen oder beim Aufsitzen nicht ruhig stehen bleibt, wird es schwierig, sich bei anderen Dingen durchzusetzen.

8 Sorgen Sie dafür, dass das Stallmanagement der Mitarbeit des Pferdes zuträglich ist. Ein Pferd, das sich mehrere Stunden am Tag frei bewegen, grasen und mit anderen Pferden Kontakt pflegen kann, nimmt weniger schnell auffällige Verhaltensformen an.

9 Kraft ist keine Lösung. Selbst das kleinste Fohlen ist uns in einer Kraftprobe überlegen. Langfristig muss der Kampf im Kopf gewonnen werden. Man erreicht das, indem man gutes Verhalten belohnt, wodurch ein lang anhaltender positiver Eindruck hinterlassen wird. Das Bestrafen von schlechtem Verhalten erzeugt lediglich Widerwillen.

10 Nehmen sie sich genügend Zeit für die Grundlagen, damit das Pferd jeden Abschnitt verarbeiten und der Reiter die notwendige Koordination und das Verständnis dafür entwickeln kann. Somit steht dem Fortschritt nichts im Weg.

Ein kurzer Einblick in meine reiterliche Vergangenheit ...

Meine Mutter war eine Pferdenärrin, daher habe ich als Kind viele Wochenenden mit Pferden verbracht. So hat meine Liebe zu ihnen begonnen, das Reiten habe ich jedoch erst im Alter von elf Jahren in der York Riding School, die von Major Cole geführt wurde, richtig gelernt.

Major Cole hat mein Leben stark beeinflusst. Er erschien mir damals alt und gebrechlich, was ihn allerdings nicht weniger angsteinflößend wirken ließ! Er hielt mit seiner Kritik nie zurück, war dabei jedoch immer konstruktiv. Heute lache ich, wenn ich daran zurückdenke. Er schrie uns Kinder an, als würden wir für das Militär trainieren. Es hatte auch genau denselben Effekt wie die ähnliche Behandlung der jungen Rekruten später in meiner Armeezeit: Es schuf in uns den Willen, unsere Sache gut zu machen und uns das Lob, das hinter seiner aufbrausenden Art steckte, zu verdienen.

Major Cole war eigentlich ein sehr gütiger Mann und ein paar seiner Sätze haben sich mir derart eingeprägt, dass ich sie nun selbst bei meinen Vorführungen benutze! »Was willst Du darstellen – eine Ein-Mann-Band?« und »Alles, was herumflattern kann, flattert herum« sind nur zwei Beispiele.

Eines Tages – ich weiß nicht mehr warum – setzte sich Major Cole auf eines der Schulponies, ein fauler Kerl namens Taffy. Wir dachten immer, milde ausgedrückt, Taffy hätte etwas von einem »Maultier«. Er ging nicht vorwärts und streckte immer die Nase nach oben. Mit dem Major im Sattel verwandelte sich dieses »Maultier« vor meinen Augen in das bestgerittenste Pony, das ich je gesehen hatte. Es war leicht in der Hand und ging in Selbsthaltung vorwärts. Und keiner

von uns konnte irgendwelche Hilfen des Majors erkennen; es war wie ein Zauber und wird mir immer im Gedächtnis bleiben. Das war meine erste Lektion der »Weniger-ist-mehr-Schule«, nach der ich mich heute auszurichten versuche.

Nachdem ich mich bewährt hatte, ließ mich Major Cole alle neuen Ponies, auch die schwierigen, reiten. Eines Tages frage er mich »Klein-Richard, wie oft bis du schon heruntergefallen?« »Ich falle nicht herunter«, erwiderte ich stolz. Er warf mir einen bedeutsamen Blick zu und als ich das nächste Mal zum Reiten kam, hatte er ein Pony namens Dianna für mich gesattelt. Nach fünf Minuten küsste

4LM2

ich den Boden der Reitbahn. Damals verstand ich nicht, warum der Major das getan hatte. Mit der Zeit wurde mir jedoch klar, dass man im Umgang mit Pferden niemals hochmütig werden darf. Vor ihnen sind alle gleich, und sie bringen einen schnell auf den Boden zurück.

MEIN LEHRMEISTER FLICKA

Sobald ich einige Reitstunden absolviert hatte, wollte ich unbedingt mein eigenes Pony besitzen. Meine Mutter hatte nicht viel Geld und musste sehr hart dafür arbeiten. Sie versprach mir, für jedes Pfund, das ich sparte, denselben Betrag beizusteuern.

Also mähte ich die nächsten zwei Jahre Rasen, wusch Autos und wünschte mir zum Geburtstag wie zu Weihnachten Geld anstelle von Geschenken. Schließlich hatte ich mit Mums Hilfe genügend Geld, um Flicka ein ca. 1,35 m großes Palominopony zu kaufen. Es kostete £ 375 inklusive Decken und Sattelzeug. Es war ungefähr sieben Meilen entfernt untergebracht, und ich fuhr jeden Tag nach der Schule mit dem Fahrrad dort hin und wieder zurück.

In den nächsten sechs Monaten fiel ich täglich von Flicka herunter. Ich wusste, dass dieses Pony alles konnte, aber ich bekam nichts geschenkt. Es dauerte sechs Monate, aber danach war es jede Minute wert. Mit Flicka sprang ich, ritt Jagden und nahm an allen Ponyclubaktivitäten teil. Wir behielten Flicka, bis er starb; Ich war damals schon verheiratet und in der Armee, aber meine Mutter hatte es nie über sich gebracht, ihn zu verkaufen, da er immer ein Teil der Familie war. Wir waren ein wunderbares Team und rückblickend erkenne ich, wie viel ich von Flicka gelernt habe. Ich werde später noch näher darauf eingehen.

NOCH NICHT TROCKEN HINTER DEN OHREN

Mit 18 wusste ich, dass ich von zu Hause weggehen musste, um meinen Horizont zu erweitern. Also entschloss ich mich, in die Armee einzutreten. Eigentlich wollte ich in die King's Troop Royal Horse Artillery eintreten, da ich als 17-jähriger im Rahmen eines Rekrutenprogramms eine Woche dort verbracht hatte. Als es jedoch um meinen Eintritt ging, teilte mir mein Rekrutierungsoffizier mit, dass ich den 4./7. Royal Dragoon Guards beitreten müsse, da es offensichtlich nicht genügend Kandidaten für das regionale Regiment in Yorkshire gab. Da ich noch nicht ganz trocken hinter den Ohren war, stimmte ich zu und lernte, wie man einen Panzer fuhr.

Bis heute bin ich mir sicher, dass Flicka versucht hat, mir eine unbezahlbare Lektion zu erteilen – nämlich, dass ich nicht automatisch das Recht auf ein phantastisches Pony hatte, ich musste es mir verdienen.

Verstehen Sie mich nicht falsch, es war eine wunderbare Zeit; Ich liebte die Kameradschaft in der Armee und auch heute noch vermisse ich das Lachen und den Humor, damals habe ich die Pferde jedoch schrecklich vermisst. Ich ließ mich als Pferdepfleger zum Poloclub der britischen Rheinarmee versetzen und kehrte ca. ein Jahr später zu meinem Regiment zurück, das direkt neben dem »Blues-and-Royals-Saddle-Club« untergebracht war, der von Keith Burns einem Life Guard geführt wurde (im »Trooping of the Colour« tragen die Life Guards rote Uniformen und weiße Federn, während die Royals blaue Uniformen und rote Federn tragen). Keith überredete mich, mich zu den Life Guards versetzen zu lassen. Er sagte, »versuche der Beste zu werden, lerne die Traditionsuniformen und Ausrüstungen zu putzen und verrichte deinen Dienst in Whitehall im ersten Jahr gut, dann werde ich dafür sorgen, dass du einen Platz im militärischen Ausbildungskurs für Reiterei bekommst«. 1986, ein paar Tage bevor Prinz Andrew Sarah Ferguson heiratete, begann meine Zeit als Kavallerist in den Kasernen von Knightsbridge.

Ich muss zugeben, dass ich mich in der Reitschule, wo alle Rekruten das Reiten, die Pflege ihrer Pferde sowie das Reinigen der täglichen und festlichen Ausrüstung lernen, gut machte. Dafür gab es zwei Gründe. Einer war, dass ich den Vorteil hatte, schon reiten zu können, der andere, dass mir, obwohl ich wesentlich älter als die meisten Rekruten war, so viel an dieser Arbeit lag. Endlich hatte ich einen Beruf, in dem ich mit Pferden arbeiten konnte und an der Ausbildung von Pferden und Soldaten beteiligt war.

1987 nahm ich an dem militärischen Trainingskurs für Reiterei in Melton Mowbray teil, der sechs Monate dauerte. Es war eine wundervolle Erfahrung, und ich habe dabei viel über mich selbst gelernt. Für den Kurs bekamen alle Teilnehmer ein voll ausgebildetes, ein teilweise ausgebildetes und ein rohes Pferd – mit dem Ziel, jedes Pferd während der sechs Monate eine Stufe weiter zu bringen. Zum Schluss mussten wir eine Ein-Tages-Vielseitigkeitsprüfung auf unserem teilweise ausgebildeten Pferd absolvieren, das bis dorthin theoretisch voll ausgebildet sein würde!

Das Wichtigste, dass ich in dem Kurs gelernt hatte, war Dinge in leicht lernbare Abschnitte aufzugliedern ... Ich glaube, das hat mir in meiner Arbeit mit Mensch und Pferd sehr geholfen.

Ich war sehr schüchtern und auch beim Smalltalk nicht sehr geschickt – was auch heute noch zutrifft – darum habe ich mich voll und ganz in das Horsemanship und die Reiterei gestürzt. Es war mir unendlich wichtig, dass meine Vorgesetzten mein Engagement und meine Begeisterung sahen und mich als wertvolles Mitglied des Teams anerkannten. Eine Sache, die jedoch bemerkt wurde (und die ich selbst an mir feststellte) war die, dass ich die Beschränkungen, die einem das Training der Pferde beim Militär auferlegte, nicht mochte. Es gibt viele Aspekte, die meiner Meinung nach durchaus berechtigt sind und die ich auch heute noch anwende, damals dachte

ich jedoch hin und wieder, dass für mein Pferd eine andere Methode vorteilhafter gewesen wäre: In meinem Bericht am Ende des Kurses stand, dass ich manchmal mit der Bürokratie Schwierigkeiten hatte!

Das Wichtigste, was ich im Verlauf des Kurses lernte, war, wie man Dinge in leicht erlernbare Abschnitte aufteilen kann und anderen Informationen nahe bringt. Das war auch absolut notwendig – Ziel des Kurses war es, mich zum Lehrer an den Knightsbridge Barracks auszubilden, wo 95 Prozent der Rekruten noch nie ein Pferd gesehen haben. Man hat nur 20 Wochen Zeit, ihnen das Reiten im Schritt, Trab und Galopp, alleine und in der Quadrille, beizubringen!

Außerdem müssen die Rekruten eine Hindernisreihe (Höhe ca. 90 cm) ohne Steigbügel und Zügel springen und dabei ihre Jacken ausziehen und ihren Namen, Rang und Nummer rufen. Unter diesen Umständen wäre es verhängnisvoll gewesen, die Kunst des Reitens zu sehr zu komplizieren. Hat man einmal gelernt, wie man die Dinge vereinfachen kann, kann man diese Fähigkeit in vielen Gebieten anwenden. Ich glaube, dies hat meine Arbeit mit Pferden und Menschen positiv beeinflusst.

Als ich wieder nach Knightsbridge zurückkam, dauerte es nicht mehr lange, bis ich einen festen Platz in dem Team von Bereitern bekam, die für das Einreiten aller Pferde – der so genannten »Kavallerierappen«, die von Irland herüberkamen sowie die Ausbildung aller neuen Rekruten zuständig waren. Wir hatten alle großen Spaß. Wir waren wie große Jungs, die sich als Helden aufspielten und sich nicht anmerken lassen wollten, dass es oftmals ziemlich beängstigend war, zum ersten Mal auf dieses Pferd zu steigen. Wir spielten alle ein bisschen mit unserem Leben. Überall lagen heruntergefallene Reiter und je schlimmer unsere Stürze waren, desto mehr lachten wir.

MONTY ROBERTS UND JOIN-UP

Eines Tages wurden wir angewiesen, eine Vorführung zu besuchen, die ein Amerikaner vor der Königin gab, der »meinte, er könne ein Pferd in 30 Minuten einreiten«. Sie können sich vorstellen, mit welcher Skepsis wir Soldaten uns dorthin aufmachten.

Aber der Amerikaner war Monty Roberts und er ritt tatsächlich ein Pferd in 30 Minuten ein. Waren wir beeindruckt? ... Natürlich nicht, er hatte das offensichtlich schon öfters gemacht und hatte Anis in seiner Hosentasche. Durch diesen Trick folgten ihm die Pferde, wir hatten ihn überführt, glaubten wir zumindest. Unser Chef war jedoch sehr beeindruckt und ging schließlich nach Kalifornien, um die Methode von Monty zu erlernen. Er kam zurück und sagte uns »in Ordnung Jungs, so machen wir das von jetzt an«. Ich und noch eine weitere Person mussten assistieren.

Auf diese Weise habe ich das »Join-Up« und das »Starten eines Pferdes« gelernt. Um ehrlich zu sein, hätte sich Monty keine bessere Bühne aussuchen können. Wenn es bei diesen wilden und zotteligen Tieren aus Irland klappte, würde es auch bei allen anderen Pferden funktionieren. Die Resultate haben mich erstaunt. Niemand fiel mehr herunter! Das Erstaunlichste war jedoch, dass nicht nur das Einreiten, sondern auch der ganze Umgang bis zum Verladen usw., wesentlich verbessert wurde.

Ein paar Monate nach seiner ersten Vorführung veranstaltete Monty eine weitere, auf einem nahe gelegenen Gestüt. Unser Chef wollte hingehen und fragte, ob jemand ihn begleiten wolle. Ich war der Einzige, der sich meldete. Als wir ankamen, hatte Monty keinen Reiter, den er in der Vorführung einsetzen konnte. Zu diesem Zeitpunkt hatte ich das Join-Up noch nie selbst durchgeführt, stellte mich jedoch zur Verfügung. Von diesem Tag an wurde ich Montys Reiter in England. Ich verwendete all meine freien Tage darauf, an den Vorführungen teilzunehmen, hörte zu und lernte.

Im folgenden Winter traf ich bereits einen Tag vor Beginn einer Vorführung am Veranstaltungsort ein. Alle Pferde waren schon da und der Round Pen bereits aufgebaut. Also dachte ich mir, ich mache mich nützlich und fange schon einmal an. Ich arbeitete mit einem jungen Pferd, als ich Monty auf mich zukommen sah. Er war etwas erstaunt, da er mir eigentlich noch nie gezeigt hatte, wie ich es machen sollte.

Er sagte »wir müssen uns unterhalten«, und ich war wirklich beunruhigt! Er war jedoch voll des Lobes und meinte, wir sollten vielleicht darüber nachdenken etwas zusammen zu machen, da ich in Großbritannien zu Hause war. Daraufhin habe ich meinen freiwilligen Austritt aus der Armee eingereicht.

EINE REISE NACH KALIFORNIEN

Nach meinem Austritt gingen meine Frau Sam und ich für zwei Monate nach Kalifornien. Es war ein phantastisches Erlebnis. Ich arbeitete hauptsächlich mit Rennpferden und mit Tieren, die Probleme an den Startmaschinen hatten.

Von Zeit zu Zeit baten Leute von umliegenden Ställen Monty, ihnen bei Problempferden zu helfen. Eines Tages kam ein Anruf von einem Stall, in dem junge Pferde eingeritten wurden. Sie hatten ein junges Pferd, das wie verrückt bockte, sobald seine Füße den Boden berührten und dabei den Reiter abwarf. Bis dahin hatte es noch keiner geschafft, oben zu bleiben. Monty vereinbarte, das Pferd zu uns herüberbringen zu lassen und es kamen auch der Stallbesitzer und der Reiter des Pferdes mit.

Stellen Sie sich die Situation vor. Monty führte das Join-Up mit dem Pferd durch, während der Stallbesitzer und sein Reiter sowie ein paar weitere Zuschauer sich auf der anderen Seite des Pens aufhielten. Für mich sah der Reiter wie ein richtiger Cowboy aus, er trug ein blaues Hemd, ein Halstuch, eine schwarze Lederweste, Wrangler Jeans und einen Gürtel mit einer riesigen Schnalle und natürlich die obligatorischen Cowboystiefel und Hut. Er stolzierte wie John Wayne und kaute Tabak. Ich war tief beeindruckt – ich glaube, tief in meinem Inneren wollte ich immer ein Cowboy sein. Ich konnte es kaum erwarten, ihn reiten zu sehen.

Monty ließ das Pferd satteln und begann mit der Arbeit an der Longe. In einem geeigneten Moment signalisierte er dem Reiter, herunterzukommen und aufzusitzen. Der Cowboy stolzierte die Treppen herunter, ging zu den großen Holztüren und erschien ein paar Minuten später, offensichtlich völlig verängstigt, scheinbar halb so groß wie vorher, mit einem fest zugeschnürten Rückenschutz und einem Sturzhelm, der tief ins Gesicht gezogen war. Alle Anzeichen von Hochmut waren verschwunden. In diesem Moment erkannte ich, wie einfach es ist arrogant zu sein und aus sicherer Entfernung Kritik zu üben. Es ist etwas ganz anderes, seinen Reden Taten folgen zu lassen.

Monty sagte später, dass er nach einem Blick auf den Reiter wusste, dass nicht das Pferd das Problem darstellte. Da der Reiter so viel Angst hatte, gab er dem Pferd kein Vertrauen, und weil er sich nicht ausbalancieren konnte, brauchte es auch nicht viel, um herunterzufallen. In der Tat war das Pferd dazu trainiert worden, seinen Reiter loszuwerden. Ich bin wirklich der Meinung, dass dieses Pferd bis zu diesem Tag nicht verstanden hatte, dass der Reiter eigentlich oben bleiben sollte. Monty bat mich aufzusteigen, das Pferd verhielt sich einwandfrei und innerhalb von ein paar Tagen marschierte es wie ein altes Schulpferd durch die Bahn.

Während ich mit Monty arbeitete, unternahm ich ein paar Ausflüge auf die Rennbahn von Los Angeles, Santa Anita. Dort lernte ich auch einiges über Pferdepersönlichkeiten. Ich erhielt die Erlaubnis, auf der Rennbahn zu reiten, während ich mit einem Problem an der Startmaschine beschäftigt war.

Es war meine Aufgabe, eine Stute aus der Startmaschine herauszureiten. Sie ging zwar problemlos hinein, weigerte sich aber, wieder herauszukommen! Wir stellten sie in die Startmaschine und ließen dann ein anderes Pferd vorbeigaloppieren, während ich sie aufforderte, die Startmaschine zu verlassen und hinterher zugaloppieren. Das Führpferd wurde dann allmählich langsamer, um die Problemstute heran- und vorbei zu lassen. Sie bekam wieder Vertrauen in ihre eigenen Fähigkeiten und ihr Enthusiasmus für das Rennen wurde geweckt, es hat wunderbar funktioniert.

Bei unserer Rückkehr nach Großbritannien entschlossen wir uns nach Newmarket zu ziehen, da Monty sehr viel mit der Rennindustrie zu tun hatte, und es viele Probleme mit Pferden gab, die nicht in die Startmaschinen wollten. Pferde können aus noch so guter Zucht stammen und noch so schnell sein, Rennen können sie nur dann laufen, wenn sie auch starten.

Obwohl ich es ein Jahr lang durchzog und auch einiges mit den Pferden erreichte, wurde immer klarer, dass ich in der Welt des Rennsports nie voll akzeptiert werden und immer ein Außenstehender bleiben würde. Es sah nicht allzu gut aus für mich – ich musste meinen Stall während des Winters untervermieten und wollte schon beinahe aufgeben, als ein Paar

namens Tom und Pauline James uns ein Pony schickte, das unser Leben verändern sollte. Wir arbeiteten hart mit diesem Pony und als es nach Hause ging, waren Tom und Pauline so begeistert von dem Ergebnis, dass sie die englische Pferdezeitschrift Your Horse anriefen und der Redaktion alles über mich berichteten. Die Zeitschrift schickte eine Journalistin namens Jo Sharples. Sie erkannte, dass meine Arbeit sehr viel Lesestoff hergeben würde – ja es stellte sich heraus, dass es genügend war, um die Leser in den nächsten vier Jahren mit interessanten Artikeln zu versorgen! Ich brachte zwei Bücher heraus: »So verstehe ich mein Pferd« zusammen mit der Herausgeberin von Your Horse Lesley Bayley und »Sanfte Pferdeausbildung. Vom Join-Up zum Anreiten« mit Jo. Danach entschied ich, dass ich etwas Zeit brauchte, um die Dinge zu überdenken und mir etwas Neues einfallen zu lassen.

MACHE DAS BESTE AUS DEINEM PFERD

Ich brauchte dazu beinahe zwei Jahre, aber das Ergebnis ist in diesem Buch zu finden. Ich entschloss mich, alles, was ich von Problempferden gelernt hatte, auf alltägliche Situationen in der Reiterei und normale Ausbildungsprobleme anzuwenden. In diesem Buch wird dieses Wissen zu einer einfachen, benutzerfreundlichen Methode zusammengefasst. Außerdem erkannte ich, dass nicht das Pferd korrigiert werden sollte, sondern der Besitzer, damit er selbst mit Freude die Verantwortung der Ausbildung seines eigenen Pferdes übernehmen kann. Das Pferd bleibt in seiner gewohnten Umgebung und der Besitzer gewinnt die Erfahrung und das Vertrauen, sich dort mit ihm zu beschäftigen. Ich sah ein, dass es keinen Sinn hatte, wenn nur ich die schwierigen Pferde reiten konnte. Letztendlich musste ich sie dorthin zurückgeben, wo die ganzen Probleme überhaupt erst entstanden waren und vielleicht wieder auftauchen würden.

DIE ZUKUNFT

Meine große Leidenschaft sind meine eigenen Pferde. In einer perfekten Welt würde ich viel mehr Zeit zu Hause mit ihnen und Sam sowie unseren drei wunderbaren Söhnen verbringen. Ich liebe die Spring- und die Vielseitigkeitsreiterei, da ich jedoch so viel unterwegs bin, fehlt mir einfach die Zeit, genügend mit meinen Pferden zu arbeiten. Es wäre unfair, sie von der Koppel weg unvorbereitet vor große Aufgaben zu stellen. Ich weiß jedoch, dass in ihnen das Geheimnis meiner Weiterentwicklung liegt, und ich kann es kaum erwarten, herauszufinden, was sie mir noch alles beizubringen haben.

1 Bodenarbeit Basics

Die Natur des Pferdes

Beobachtet man die heutigen Turnierpferde, wie sie mühelos über feste Hindernisse springen, sich gehorsam und tänzerisch im Dressurviereck bewegen oder vorsichtig einen Parcours überwinden, übersieht man leicht, dass dieses Verhalten ihrer Natur völlig widerspricht.

Bei der Domestizierung und der Ausbildung des Pferdes für unsere Zwecke machen wir uns viele seiner charakterspezifischen Eigenschaften zu Nutze – seine Geselligkeit, Neugier, sein Rangordnungsverhalten, seine natürliche Stärke, Körperkraft und Schnelligkeit.

Was ist aus dem schreckhaften Fluchttier geworden, das über Jahrtausende mit seiner Herde die Ebenen durchstreifte, dessen Instinkt ihm sagt, zu flüchten, wenn es sich eingeengt fühlt und kein Gewicht auf seinem Rücken zu dulden? Es ist immer noch da. Tief im Herzen eines jeden domestizierten Pferdes ist der Instinkt seiner wilden Vorfahren noch vorhanden; beim einen mehr, beim anderen weniger, je nach dem Umgang und der Konditionierung, die es erfahren hat.

Bei der Domestizierung und der Ausbildung für unsere Zwecke machen wir uns viele seiner charakterspezifischen Eigenschaften zu Nutze – seine Geselligkeit, Neugier, sein Rangordnungsverhalten, seine natürliche Stärke, Körperkraft und Schnelligkeit. Das ist durchaus auch in Ordnung, so lange wir zwischen der Gutmütigkeit des Pferdes und seiner angeborenen Natur zu unterscheiden wissen. So sehr wir uns bemühen, dagegen anzugehen, müssen wir die Tatsache respektieren, dass das Pferd immer ein Fluchttier bleiben wird. Wird dies missachtet, kann es zu immensen psychologischen Schäden des Pferdes kommen und viele Ausbildungsprobleme auslösen.

Glücklicherweise geht der Trend der letzten Jahre dazu über, die natürlichen Eigenschaften des Pferdes in der Ausbildung mehr zu berücksichtigen. Das so genannte »natürliche Horsemanship« (ein Training, das mehr auf die natürlichen Verhaltensformen des Pferdes eingeht) ist zum einen wesentlich humaner als einige der »traditionellen« Methoden und außerdem sehr effektiv – wenn man das Ziel hat, ein Pferd zu besitzen, das zufrieden und gehorsam ist und sich physisch und psychisch wohl fühlt.

Obgleich ich die Grundsätze des natürlichen Horsemanships, die zu diesem Ergebnis führen, unterstütze, habe ich auch gesehen, dass diese Methoden von Besitzern falsch ausgelegt oder von Trainern missbraucht wurden, um auf diesen Zug aufzuspringen. Pferdebesitzer sind ver-

Pferdebesitzer sind verständlicherweise sehr empfänglich für Ideen, wie sie den Umgang mit ihrem Pferd besser oder einfühlsamer gestalten können; Einfühlungsvermögen hat jedoch nichts mit Sentimentalität zu tun.

ständlicherweise sehr empfänglich für Ideen, wie sie den Umgang mit ihrem Pferd besser oder einfühlsamer gestalten können; Einfühlungsvermögen hat jedoch nichts mit Sentimentalität zu tun. Einige Pferdebesitzer, die sich auf das natürliche Horsemanship berufen, haben die Grundlagen falsch interpretiert (oder sind falsch informiert worden) und sind im Umgang mit ihrem Pferd eher weniger effizient als effektiver geworden. Natürlich möchten wir alle eine spezielle Bindung zu unserem Pferd aufbauen, und man wird leicht zu der Meinung verleitet, dass es uns mehr »liebt«, wenn wir ihm das Leben mit uns so angenehm wie möglich machen. Das kann jedoch auch dazu führen, dass wir uns von ihm herumschubsen lassen, besonders wenn wir Schuldgefühle haben, weil wir wegen anderer Verpflichtungen nur wenig Zeit mit ihm verbringen können. Das Pferd liebt uns jedoch nicht mehr, indem wir ihm mehr Leckerbissen geben. Seine Zuneigung basiert auf Respekt und es wird dem mehr Achtung erweisen, der ihm klar seine Grenzen aufzeigt. Wie in einer Herde kann es sich nur dann sicher fühlen, wenn es ein Leittier (Besitzer) hat, das es respektieren und dem es vertrauen kann, für sich die richtigen Entscheidungen zu treffen. Schließlich hängt in der Freiheit sein Leben davon ab.

DAS PFERD IST EIN FLUCHTTIER

So sehr wir uns bemühen, dagegen anzugehen, müssen wir die Tatsache respektieren, dass das Pferd immer ein Fluchttier bleiben wird. Wird dies missachtet, kann es zu immensen psychologischen Schäden des Pferdes kommen und viele Ausbildungsprobleme auslösen. Diese Bildfolge zeigt, dass das Pferd dafür geschaffen ist, selbst aus gestrecktem Galopp heraus anzuhalten, zu wenden und wieder loszugaloppieren. Dieser Fluchtinstinkt kann nur mit einem intensiven Training, ähnlich wie bei Polizeipferden, überwunden werden.

Kommunikation

Zunächst ist es wichtig zu wissen, dass meine Trainingsphilosophie auf dem Prinzip der Ausübung und des Lösens von Druck (auch Frage und Antwort genannt) basiert.

DRUCK UND LÖSEN DES DRUCKS

Warum messe ich dem Prinzip von Druck und Lösen des Drucks eine so große Bedeutung bei? Einfach, weil es für das Pferd am verständlichsten ist – es ist die Sprache, mit der die Pferde in ihrer Herde kommunizieren und sich untereinander disziplinieren. Es ist die Grundlage aller Umgangsformen der Pferde untereinander, ein Werkzeug, das uns von den Pferden für den Umgang mit ihnen gegeben wird. Ich betone jedoch, dass ich mit »Druck« nicht Schmerz meine.

Druck kann auf drei Arten ausgeübt werden – visuell, spürbar und emotional – für gewöhnlich wird diese Reihenfolge eingehalten.

1 **Visueller Druck** bedeutet Grimassenschneiden, Ohren anlegen, selbstbewusst in den Freiraum eines Pferdes einzudringen, um seine Bewegung zu kontrollieren. Dies ist die erste Aktion, ohne direkten Kontakt.
2 **Spürbarer Druck** bedeutet Beißen und Schlagen. Er wird eingesetzt, um dem visuellen Druck Nachdruck zu verleihen.
3 **Emotionaler Druck** bedeutet, das Pferd zu ignorieren, es von der Herde als Strafe für unakzeptables Verhalten auszugrenzen. Er wird entweder für sich angewandt oder wenn visueller und spürbarer Druck ohne Wirkung geblieben sind. Oftmals wird diese Taktik von älteren Pferden ausgeübt, um freche junge Pferde in ihre Schranken zu weisen.

VISUELLER DRUCK

Eine Stute setzt visuellen Druck ein, wenn sie ein Fohlen bei Fuß hat. Sie tut das nicht, um ihre Dominanz zu demonstrieren, sondern um sich Respekt zu verschaffen und ihr Fohlen so zu beschützen. Es gibt keine stärkere Bindung als die zwischen Stute und Fohlen. Sie benutzt jedoch weder Liebkosungen, um sich Respekt zu verschaffen, noch eine Ausrüstung wie Halfter und Strick. Und doch hat sie die Fähigkeit, ihr Fohlen um sich herumzubewegen, und in der Sprache der Pferde bedeutet das, dass ihr gehorcht werden muss! Das Pferd, welches Bewegung und Richtung bestimmt, ist der Chef und gewinnt dadurch den Respekt

VERSTÄRKUNG DES DRUCKS

Innerhalb einer Herde üben die Pferde immer zunächst sichtbaren Druck aus, besonders in einer wilden Herde, wo spürbarer Druck zu einer Verletzung führen könnte, und ein lahmes Pferd wird leicht zur Beute eines Raubtieres. In diesem Bild ist zu erkennen, dass Molly (die ältere schwarze Stute rechts) es nicht mag, dass Scarlet (die junge Fuchsstute links) zu dicht an sie herankommt, also legt sie die Ohren an.

Scarlet ignoriert diese Botschaft einfach (rechts), obwohl es selbst dem unbedarftesten Menschen ziemlich klar ist, was Molly ausdrücken möchte! So wird Molly gezwungen, ihrer sichtbaren Drohung mit einer Handlung Nachdruck zu verleihen – einem Kneifen in den Hals.

Das hat den gewünschten Effekt (unten). Scarlet ist von jetzt an sehr wachsam und reagiert sofort auf weiteren visuellen Druck von Molly. Man sieht, dass diese hoch effektive Disziplinierungsmaßnahme ohne Lärm, Gewalt oder Schmerz vonstatten ging, auf eine Art, die von Scarlet offensichtlich vollkommen verstanden wurde und ihr weder physisch noch psychisch geschadet hat. Als Ausbilder müssen wir viel vom Umgang der Pferde untereinander lernen.

Das Pferd, welches Bewegung und Richtung bestimmt, ist der Chef und gewinnt dadurch den Respekt der anderen Pferde.

der anderen Pferde. Im Fall von Stute und Fohlen ist es nicht nur eine Frage der Disziplin, sondern auch der Sicherheit, dass das Fohlen auf den Druck der Mutter reagiert, tut, was ihm gesagt wird und dort bleibt, wo es sich aufhalten soll. Wie wir alle wissen, lassen sich Kinder jeder Gattung leicht ablenken und laufen auch mal weg. Für das Überleben des Fohlens ist es sehr wichtig, dass die Mutter seine Aufmerksamkeit auf sich lenken kann, und sie tut dies, so einfach das auch klingt, indem sie es dazu bringt, ihr in die Augen zu schauen.

Schaut das Pferd Sie mit »einem Auge« an, haben Sie nur seine momentane Aufmerksamkeit, schaut es Sie mit beiden Augen an, dann sind Sie sein Mittelpunkt und gewinnen so schließlich auch seinen Respekt. Die Augen des Pferdes befinden sich seitlich am Kopf, damit eine maximale Rundumsicht möglich ist, so hat das Fohlen seine Mutter beinahe immer im Blickfeld. Das bedeutet jedoch nicht, dass sie immer der Mittelpunkt seiner Aufmerksamkeit ist. Um das zu erreichen, muss sie das Fohlen herumdrehen, so dass es sie anschaut. Dazu läuft sie nicht darauf zu und packt es an Mähne, Hals oder Kopf, wie wir Menschen das vielleicht machen würden. Stattdessen übt sie visuellen Druck aus, indem sie ihre Körpersprache einsetzt, um seine Hinterhand herumzudrücken, so dass der Kopf zu ihr zeigt. Dadurch gewinnt sie seine volle Aufmerksamkeit und kann es in ihre gewünschte Richtung lenken.

KONZENTRIEREN SIE SICH AUF SICH SELBST

Das Wichtigste für den Umgang und das Training mit Pferden ist, zu begreifen, dass derjenige, der Bewegung und Richtung bestimmt, der Chef ist. Wie oft sind Sie auf der Koppel oder im Stall schon um ihr Pferd herumgegangen, statt es aufzufordern, zur Seite zu treten, selbst zurückgetreten, wenn es zur Fütterungszeit Richtung Tür drängelte oder nach beendeter Bodenarbeit von ihm an der Longe herumgezogen worden? All diese Aktionen sagen dem Pferd, dass es der Chef ist, weil es unsere Bewegungen kontrolliert – Pferde verstehen es ausgezeichnet, uns auf diese Art zu beherrschen! So attestieren wir, dass unser Pferd sich in der Rangordnung über uns befindet, was unausweichlich zu Dominanzproblemen führt.

Man hüte sich vor noch so kleinen Machtproblemen, die von vielen einfach hingenommen oder kaum bemerkt werden. Auch Kleinigkeiten sind wichtig und können die Beziehung zum Pferd ernsthaft beeinträchtigen. Bei einem intelligenten, talentierten und von Natur aus dominanten Tier können solche Details den feinen Unterschied zwischen Freude und Horror ausmachen. Größere Schwierigkeiten entstehen für gewöhnlich aus kleinen, mit denen nicht richtig umgegangen wurde und die somit außer Kontrolle gerieten und sich zu einem richtigen Verhaltensproblem ausgewachsen haben (siehe auch S. 147) »Mein Pferd ist im Stall gestresst«).

Ein Pferd, das in der Rangordnung weit oben steht, sagt nicht »Entschuldigung« und geht um das andere Pferd herum, um vorbeizukommen. Es geht zielsicher auf die Schulter des Pferdes zu, übt so sichtbaren Druck aus, und das andere Pferd wird automatisch aus dem Weg gehen, um Konsequenzen, nämlich spürbaren Druck, zu vermeiden. Auch wir können dies mit einer positiven Körpersprache nachahmen – seien Sie bestimmt, gehen Sie mit zurückgenommenen Schultern (siehe oben) auf das Pferd zu und strahlen Sie Selbstbewusstsein aus. Wenn dieses Verhalten nicht in Ihrer Natur liegt, müssen Sie es zur besseren Kommunikation mit dem Pferd erlernen, genauso wie man Reitstunden nimmt, um sich im Sattel zu verbessern.

Ich möchte nicht zu sehr auf den Aspekt der Körpersprache im Verhältnis Mensch zu Pferd eingehen, da schon viel darüber geschrieben worden ist. Auch bin ich schon Einigen begegnet, die sich dieses Thema zu sehr zu Herzen genommen haben und den Umgang mit einem ihnen vertrauten Pferd, ändern wollten. Hier gilt »man soll nicht reparieren, was nicht kaputt ist«. Solange Ihr Pferd tut, was Sie von ihm verlangen, haben Sie wahrscheinlich schon unbewusst eine feine Ebene der Verständigung gefunden. Die Körpersprache ist jedoch besonders bei nervösen, traumatisierten oder misshandelten Pferden wichtig, die auf jede Art von Druck ängstlich und hypersensitiv reagieren und lediglich auf den leisesten visuellen Druck ruhig reagieren.

SPÜRBARER DRUCK

Spürbarer Druck bedeutet nicht, dass Sie Ihr Pferd schlagen sollen – ein Anstupsen mit dem Finger oder ein leichtes Anstoßen mit dem Ellbogen reicht für gewöhnlich aus, um eine Reaktion auszulösen.

es verunsichern. Denken Sie daran, der Erfolg der Ausbildung liegt darin, dem Pferd ein Gefühl der Sicherheit in unserer Gegenwart zu vermitteln.

EMOTIONALER DRUCK

Emotionaler Druck wird angewandt, wenn das Pferd ein unakzeptables Verhalten zeigt und vom Leittier von der Herde ausgeschlossen wird, bis es seine Lektion gelernt hat. Die Beobachtung solcher Disziplinierungsmaßnahmen hat Monty Roberts auf die Idee des Join-Up gebracht. (Siehe hierzu Seite 54–81 »Bodenarbeit auf Distanz«.)

Pferde hassen es, ignoriert oder von der Herde weggeschickt zu werden. Jegliche Art von Aufmerksamkeit, selbst scheinbar negativer Art, ist in beinahe allen Fällen besser als gar keine Aufmerksamkeit. Schreit man beispielsweise ein Pferd an, das zur Fütterungszeit gegen die Tür klopft, wird es dazu ermutigt, weiterzumachen, so lange jemand darauf reagiert – wie ein Kind, das vor sei-

SPÜRBARER DRUCK

Wenn es darauf ankommt und Ihr Pferd Sie ignoriert, müssen sie versuchen, sich wie ein anderes Pferd zu verhalten, nämlich effektiv spürbaren Druck auszuüben. Dazu sind viele nicht in der Lage und verhalten sich falsch. Sie versuchen, dem Problem aus dem Weg zu gehen und erkennen dabei die Konsequenzen, wie sie auf Seite 25 »Konzentrieren Sie sich auf sich selbst« dargestellt sind, nicht. Vergleicht man Größe und Gewicht des Menschen mit dem des Pferdes, scheint der Kampf aussichtslos zu sein, aber es geht hier nicht um Kraft oder Brutalität. Ein Anstupsen mit dem Finger reicht aus, um das Pferd von uns wegzubewegen. Voraussetzung ist unsere mentale Einstellung, die durch unsere Körpersprache übermittelt wird. Denken Sie daran, das Pferd spürt bereits eine Fliege auf seinem Fell – wenn es derart subtile Signale einfach ignoriert, müssen Sie sich ernsthaft darauf konzentrieren, seine uneingeschränkte Aufmerksamkeit und seinen Respekt durch konsequenten Umgang und die Arbeit mit dem Halfter, die auf den Seiten 44 und 45 beschrieben wird, zu erlangen. So wird es an die Regeln des Drucks erinnert.

Erheben Sie nie die Hand gegen das Pferd oder schlagen Sie es mit der flachen Hand. Die Hand sollte immer als angenehm, wie beispielsweise beim Streicheln, empfunden werden. Sie ist ein Mittel zur Belohnung, nicht zur Strafe, und man sollte das Pferd niemals verwirren, indem man sie zur Disziplinierung einsetzt. Wenn es unsere Handlungen nicht einschätzen kann, dürfen wir uns nicht wundern, wenn wir

DAS PFERD IST EIN TIER, DAS SICH »IN DEN DRUCK HINEINBEWEGT«

Wenn sich das Pferd bedroht fühlt, lehnt es sich in den Druck hinein, anstatt sich davon wegzubewegen. Denken Sie an das letzte Mal, als Ihnen ein Pferd auf den Fuß getreten ist: Als Sie versuchten, es wegzudrücken, hat es sich wahrscheinlich an Sie angelehnt, anstatt sich wegzubewegen. Das kann man auch auf weniger schmerzhafte Weise erfahren, indem man beobachtet, wie das Pferd sich während des Putzens bei jedem Strich der Kardätsche dagegenlehnt und vielleicht sogar zu schwanken beginnt.

Dieses Verhalten ist eine Maßnahme zur Schadensbegrenzung, die von der Natur eingerichtet wurde. In der Wildnis stürzen sich Hunde und andere Raubtiere immer zuerst auf die empfindlichen Weichteile unten am Bauch, kurz vor dem Knie (dort sind viele Pferde, wahrscheinlich genau aus diesem Grund, besonders kitzelig). Reißt sich das Pferd in dieser Situation los, reißt die Haut; durch das Gewicht der Eingeweide wird dieser Riss noch vergrößert und es folgt der sichere Tod.

Während meiner Zeit in Deutschland als Pfleger für Poloponies erlebte ich eine ähnlich grausame Situation. Als wir die Ponies zum Stall zurückführten, durchquerten wir einen Bach, indem eines der Ponies auf einen Ast trat, der nach oben sprang und eine kleine Stichwunde unten am Bauch verursachte. Als wir mit dem Pony am Stall ankamen, hingen die Eingeweide bereits heraus, obwohl ursprünglich nur ein winziges Loch zu sehen war.

AUFMERKSAMKEIT UND RESPEKT

Genau wie ein führendes Herdenmitglied möchte ich, dass mir mein Pferd während der Arbeit seine ganze Aufmerksamkeit schenkt und mich respektiert. Obwohl sich dieses Pferd frei bewegt, sieht man, dass es sich auf mich konzentriert und sich bemüht, meine Kommandos zu »erahnen«. Man darf die Feinfühligkeit der Pferde nicht unterschätzen. Kann man auf so subtile Art kommunizieren, ist physische Kraft nicht notwendig.

In einer Herde gibt es zwei Arten von Leittieren – das Alpha-Leittier, das sich durch Dominanz durchsetzt und das passive Leittier, das durch sein Verhalten ein Beispiel setzt.

nen Freunden angibt. Sie wissen zwar, dass sie sich »falsch« verhalten und dadurch in Schwierigkeiten geraten könnten, machen jedoch trotzdem weiter, um Aufmerksamkeit auf sich zu lenken.

SEIEN SIE EIN PASSIVER ANFÜHRER

Diejenigen, die meinen, dass sie ihrem Pferd etwas Gutes tun, wenn sie ihm gegenüber nicht bestimmt und selbstbewusst auftreten, sollten daran denken, dass uns das Herdenverhalten der Pferde zeigt, dass sie ein Leittier brauchen und auch wollen. Es ist etwas Natürliches, das sie verstehen; es gibt ihnen physische, psychische und emotionale Sicherheit.

In einer Herde gibt es zwei Arten von Leittieren – das Alpha-Leittier, das sich durch Dominanz durchsetzt und das passive Leittier, das durch sein Verhalten ein Beispiel setzt. Die passiven Anführer werden für gewöhnlich von anderen Herdenmitgliedern erwählt und man folgt ihnen willig, während die Alphaführer ihren Platz in der Herde mit Gewalt erobern.

Passive Führer sind in ihrem alltäglichen Verhalten ruhig und beständig und müssen ihre Position in der Herde nicht andauernd behaupten. Alphaführer andererseits sind oftmals sehr aggressiv und greifen mitunter rangniedrigere Herdenmitglieder grundlos an, nur um ihre Dominanz zu zeigen. Dieses Verhalten führt dazu, dass die meisten Pferde in der Herde jeglichen Kontakt mit dem Alphatier vermeiden, denn Pferde sind so konzipiert, dass sie ihre alltäglichen Aktivitäten möglichst energiesparend verrichten, falls sie wirklich einmal um ihr Leben rennen müssen. Indem sie dem passiven Führer folgen, der am wenigsten Energie verbraucht (und somit die anderen Pferde nicht ständig zwingt, ebenfalls Energie zu verbrauchen), sichern sie sich ihr Überleben.

Den passiven Anführern kam ihre Position in der Herde zu, indem sie den anderen Pferden gezeigt haben, dass auf ihr passives Verhalten jeden Tag Verlass ist. Auf diese Verhaltensweise sollten wir unser Training aufbauen, mit dem Ziel, von unserem Pferd als passiver Anführer anerkannt zu werden.

Wie beeinflusst das unser Training und unseren Umgang mit dem Pferd? Die einfache Tatsache, dass Pferde von Natur aus nicht auf Konfrontation aus sind und, vor die Wahl gestellt, einem ruhigen, unkomplizierten Leben immer den Vorzug geben würden, bedeutet, dass sie leicht etwas annehmen und sich auch wohler fühlen, wenn sie wissen, dass nicht sie, sondern jemand anderer die Führung übernommen hat.

Wie schon erwähnt, hängt die Sicherheit der Herde vom Anführer ab, daher weiß das Pferd, dass man nichts von ihm verlangen würde, was ihm schaden könnte. Aus diesem Grund strebe ich auch, im Gegensatz zu manch anderem Trainer, eine 49 : 51-prozentige Partnerschaft mit dem Pferd an, wobei der Mensch die Kontrolle hat. Für das Pferd ist eine 50 : 50 Partnerschaft eher beunruhigend. An wen soll es sich wenden, wenn es sich unsicher fühlt? Wer fällt die Entscheidungen, kann man ihnen vertrauen? Übernimmt niemand die Führung, übernimmt sie vielleicht das Pferd selbst. Es geht hier nicht darum, aggressiv zu sein oder das Pferd dominieren zu wollen, sondern in einer potenziell gefährlichen Situation das letzte Wort zu haben. Für ein Pferd ist alles, vom Tragen eines Sattels bis zum Vorbeigehen an einem Mülleimer, eine potenziell gefährliche Situation, wenn es dem Menschen nicht vertraut.

Unsicherheit kann relativ kleine Probleme zur Folge haben, die jedoch unsere Freude im Umgang mit dem Pferd beeinträchtigen – beispielsweise, wenn es sich nicht scheren, verladen, auf die Koppel bringen, anbinden oder abspritzen lässt oder nicht allein im Stall bleibt. Tatsächlich sind derartige »Probleme« so alltäglich, dass sie in vielen Ställen als normales Verhalten angesehen werden. Und doch lassen sie sich alle auf mangelnden Respekt, Vertrauen und unzureichende Kommunikation zwischen Pferd und Mensch zurückführen. Wenn das Pferd das Richtige tun kann (und auch weiß, was das jeweils »Richtige« ist – es erscheint ihm vielleicht nicht so einleuchtend wie uns) wird es für gewöhnlich dies auch tun, da es von Natur aus nicht streitsüchtig ist. Pferde werden dann schwierig, wenn wir sie, wenn auch unbewusst, dazu erzogen haben (siehe »Eine Reise nach Kalifornien«, Seite 18).

Wenn wir uns die Zeit nehmen, Vertrauen aufzubauen, klare Anweisungen zu geben und richtiges Verhalten, auch in alltäglichen Situationen zu belohnen, verringert sich das Potenzial für schädliche Machtkämpfe. Durch ein solches Verhalten wird der Weg für kommende Herausforderungen geebnet. Pferde sind keine gesellschaftlichen Emporkömmlinge, sobald sie ihren Platz in der Rangordnung gefunden haben, sind sie damit auch zufrieden, solange es ihnen ein leichtes Leben und Sicherheit beschert. Ein Pferd wird immer den Weg des geringsten Widerstandes gehen.

Pferde sind keine gesellschaftlichen Emporkömmlinge; sobald sie ihren Platz in der Rangordnung gefunden haben, sind sie damit auch zufrieden, solange es ihnen ein leichtes Leben und Sicherheit beschert.

ÜBERWINDEN VON ÄNGSTEN

Es gibt viele verschiedene Übungen, um das Vertrauen des Pferdes zu gewinnen und als Chef anerkannt zu werden. Dann wird es sich in einer beängstigenden Situation, wie beim Durchschreiten von Wasser, vom Menschen ermutigen lassen. Die hier gezeigte Übung, die nach Durchsicht dieses Kapitels durchgeführt werden kann, ist eine von vielen, um dem Pferd zu lehren, unserem Urteil zu vertrauen und seine Schreckhaftigkeit zu überwinden.

ERLANGEN SIE DEN RESPEKT IHRES PFERDES

Pferde respektieren Aggressivität nicht, es ist vielmehr ihr Instinkt, davor zu fliehen; somit erlangt man den Respekt des Pferdes auch nicht, indem man ihm »zeigt, wer der Boss ist«. Es ist etwas ganz anderes, ihm Sicherheit zu geben, indem es »weiß, wer der Chef ist«. Es verhält sich ähnlich wie bei einem Kind mit einem strengen Lehrer, das weiß, dass es mit schlechtem Benehmen nicht durchkommt, darum auch besser lernt und für andere angenehmer ist. So sollte es auch mit unserem Pferd sein; darum müssen wir von ihm respektiert werden.

Respekt ist die Grundlage einer jeden Beziehung, nicht nur zwischen Pferd und Reiter. Glücklicherweise ist das Erlangen von Respekt nicht so schwierig, wie es klingt! Man muss nicht einmal Experte oder ein besonders guter Reiter sein, um ihn zu erlangen. Aber wie schafft man das? Trotz 6000-jähriger Domestizierung ist der Instinkt, der zum Überleben in der Wildnis nötig war, immer noch stark ausgeprägt, dies gilt selbst für Turnierpferde, die fast ausschließlich im Stall leben. (Viele Tierverhaltensforscher glauben, dass die legendäre »Klugheit« der einheimischen Ponies darauf zurückzuführen ist, dass sie meistens wild aufwachsen und deshalb ihre Instinkte besser bewahrt haben.)

Um den Respekt des Pferdes zu erlangen, ist einfach das Verständnis seiner natürlichen Instinkte und das Wissen, wie diese sein Verhalten bestimmen, gefordert. Pferde respektieren Bestimmtheit und nicht Aggressivität, Einfühlungsvermögen und nicht Sentimentalität, Beständigkeit und nicht Unbeugsamkeit, Beharrlichkeit und nicht Mäkelei.

Pferde respektieren Bestimmtheit und nicht Aggressivität, Einfühlungsvermögen und nicht Sentimentalität, Beständigkeit und nicht Unbeugsamkeit, Beharrlichkeit und nicht Mäkelei.

SOFORTIGE REAKTION

In den meisten Situationen muss das Pferd nur visuellen Druck anwenden, um die gewünschte Reaktion des in der Rangordnung unter ihm stehenden Pferdes zu bekommen. Hier geht der Schimmel dem Fuchs sofort aus dem Weg.

Ich betone nochmals, jemanden zu respektieren ist etwas anderes, als jemanden zu mögen. Ich habe viele meiner Lehrer gemocht, was nicht heißt, dass ich sie auch alle respektiert habe. Ich hatte einen Englischlehrer mit sehr modernen Ansichten. Er war der Meinung, wir sollten alle »aus uns herausgehen« ..., was wir auch taten. Es bedeutete, dass wir nur Blödsinn machten, und ich in diesen Stunden überhaupt nichts lernte. Der Lehrer war nicht mehr in der Lage, diese Situation zu ändern, da er einfach zu locker begonnen hatte und niemand ihn respektierte. Trotz allem war er ein großartiger, modern denkender Mann. Das Gegenteil war mein Mathematiklehrer; er beharrte auf Disziplin, ging auf das Schärfste gegen das kleinste Vergehen vor und war gegenüber Fehlern völlig intolerant. Als Konsequenz habe ich mich vor ihm gefürchtet. Diese Furcht löste das aus, was sie bei Pferden und Menschen gleichermaßen bewirkt – ich kapselte mich ab und konnte nichts mehr lernen. Es war wie eine Art Lähmung. Auch diesen Lehrer respektierte ich nicht, da er weder führen noch ermutigen konnte.

Als Ergebnis dieser Erziehung bin ich bis zum heutigen Tag sowohl in Englisch wie in Mathematik sehr schlecht – ich habe eine mentale Blockade. In den Fächern, in denen ich gut war, hatte ich Lehrer, die ich respektierte, die ihr Wissen auf faire und beständige Weise vermittelten, die mich ermutigten, wenn ich Schwierigkeiten hatte und mich lobten, wenn ich Erfolg hatte. Denken Sie daran, als Lehrer des Pferdes stets fair und konstant zu sein und mit Lob nicht zu sparen.

Ich glaube, dass mit dem Respekt auch das Vertrauen während der Ausbildung aufgebaut wird. Respekt und Vertrauen sind die effektivsten Werkzeuge, besser als alle käuflichen Hilfsmittel. Das Beste, was Sie für Ihr Pferd tun können, ist dafür zu sorgen, dass es sich in ihrer Gegenwart stets sicher und zufrieden fühlt.

VERSTEHEN DES FLUCHTINSTINKTES

Die Mehrzahl der Verhaltensstörungen bei Pferden ist darauf zurückzuführen, dass ihr Fluchtinstinkt missbraucht oder falsch interpretiert wird, dies darf nicht auf die leichte Schulter genommen werden. Das Pferd ist ein Fluchttier, das für eine weite offene Steppenlandschaft geschaffen wurde. Seine besten Überlebenschancen liegen in der Flucht, nicht im Kampf. Dieser Fluchttrieb kann niemals vollkommen ausgelöscht werden; er ist ein Überbleibsel der Evolution. Durch eine Gewöhnung, wie sie in der Ausbildung von Polizeipferden üblich ist, kann er jedoch stark abgeschwächt werden. Aus diesem Grund kann es auch ernsthafte Konsequenzen haben, wenn sich ein verängstigtes Pferd gegen die Beschränkung seiner Freiheit wehrt: Es glaubt wirklich, um sein Leben zu kämpfen. Ein Pferd würde sich auch niemals allein in einen dunklen, eingegrenzten Raum begeben. Es ist eigentlich etwas Erstaunliches, dass ein sorgfältig ausgebildetes Pferd einfach in einen Anhänger oder einen Transporter hineingeht. Selbst um eine Box zu betreten oder in eine Decke eingepackt zu werden, muss das Pferd eine große psychologische Hürde überwinden und ist als Zeichen seiner enormen Gutmütigkeit und Kooperationsbereitschaft zu werten. Dafür müssen wir das Pferd loben und nicht gleich frustriert reagieren, wenn es zögert. Und doch muss das Pferd lernen, diese Dinge willig auszuführen, um sich in der domestizierten Welt zurechtzufinden und seine Aufgaben im Leben mit den Menschen stressfrei erfüllen zu können. Wir Menschen müssen uns jedoch immer bewusst sein, dass tausende von Jahren der Evolution dem Pferd sagen, unter keinen Umständen das zu tun, was wir von ihm fordern.

Alle Pferde reagieren empfindlich auf Angst. Daher ist negative Verstärkung als Ausbildungsmethode nicht empfehlenswert; Strafe für unerwünschtes Verhalten versetzt das Pferd nur in Panik und verwirrt es. Hat ein Pferd Angst, so konzentriert es sich nur noch auf die Flucht und denkt nicht darüber nach, was es getan hat, um eine solche Behandlung auszulösen; es lernt nichts dazu.

Wenn sich Pferde nicht so verhalten wie wir es wünschen, kommt das meistens daher, dass wir nicht richtig mit ihnen kommuniziert haben oder falsche Erwartungen hegen, es sei denn, es besteht ein physischer Grund (beispielsweise Schmerz). Pferde können am allerbesten eines: Einfach Pferd sein!

In der Wildnis ist das Pferd Beute von Raubtieren und weiß das auch. Sein Fluchtinstinkt ist ein sehr wirkungsvolles Mittel, ihnen zu entgehen, jedoch nur, wenn es sorgfältig auf seine gut ausgeprägten Sinne achtet. Jeder, der mit Pferden umgeht, muss wissen, wie sich das auf die Reaktionen und das Lernverhalten des Pferdes auswirkt. Es ist genau diese instinktive Reaktion, nämlich wegzurennen – ohne eine Situation erst zu analysieren, um beispielsweise zu erkennen, dass es sich bei dem angsteinflößenden Objekt um die gleiche alte Mülltonne handelt, die jeden Tag dasteht – die diese (für uns) unlogische blinde Panik des Pferdes auslöst.

INSTINKTIVES HANDELN

Pferde reagieren auf Informationen, die sie mit Hilfe ihrer hoch entwickelten Sinnesorgane aufnehmen. Mit geblähten Nüstern, weit aufgerissenen Augen, hoher Kopfhaltung und gespitzten Ohren nimmt dieses Pferd Informationen über seine unmittelbare Umgebung auf. Es gibt uns einen tiefen Einblick in seinen psychischen Zustand.

Die Sinne

Wie schon erwähnt, möchte ich mich nicht zu sehr mit dem Aspekt der Körpersprache in der Beziehung zwischen Mensch und Pferd beschäftigen. **Die Beobachtung des Pferdes und das Verständnis, wie es seinen Körper und seine Sinne einsetzt, gibt uns jedoch viele Informationen über seine Ausdrucksweise** und wichtige Erkenntnisse über seine Stimmung, während wir mit ihm arbeiten.

DAS HÖREN

Die »Radarohren« des Pferdes sind perfekt dafür ausgerüstet, Geräusche aus großer Entfernung aufzunehmen; in der Wildnis ist das auch notwendig, um die »Buschtrommel« zu hören. Das Pferd kann sie unabhängig voneinander bewegen und somit mehrere Dinge gleichzeitig überprüfen – ein Ohr ist vielleicht in Richtung Futterkammer gerichtet, während das andere auf ein anderes Pferd im Stall konzentriert ist. Diesen Umstand kann man sich im Training zunutze machen, man erkennt an ihnen, ob das Pferd aufmerksam ist – für gewöhnlich sind seine Ohren auf seinen Mittelpunkt gerichtet.

Pferde können höhere und tiefere Töne und Töne aus größerer Entfernung als der Mensch empfangen. Das ist wahrscheinlich oft auch der Grund für »seltsames« oder »schlechtes« Benehmen, wie zum Beispiel das Scheuen vor einem Fahrrad. Es war vielleicht nicht das Fahrrad selbst, das dem Pferd Angst einflößte, sondern der hohe Pfeifton der Räder, den das menschliche Ohr nicht wahrnehmen kann.

Das Gehör des Pferdes kann als Ausbildungsmittel eingesetzt werden: Es lernt, an der Longe auf Kommandos mit der Stimme oder auf Zungenschnalzen zu reagieren.

DIE OHREN SIND STETS AUF SEINEN MITTELPUNKT GERICHTET

Gespitzte oder nach vorne gerichtete Ohren (rechts) weisen darauf hin, für was sich das Pferd momentan interessiert. Dies ist eine recht freundliche Geste; hat das Pferd seine Neugier erst einmal befriedigt, entspannen sich die Ohren wieder. Angelegte Ohren deuten normalerweise auf Aggressivität oder Wut hin und gehören zum Repertoire der Drohgebärden. Geht ein Pferd mit angelegten Ohren auf ein anderes zu (links) lautet die Botschaft »Geh mir aus dem Weg, sonst wirst du die Konsequenzen spüren«. Legt das Pferd während der Arbeit mit uns die Ohren zurück, so bringt es damit seine Unzufriedenheit mit uns, oder mit dem, was wir gerade tun, zum Ausdruck, oder aber es zeigt ein Aggressionsverhalten. Was hat das in diesem Moment ausgelöst? Wurde der Gurt angezogen oder der Sattel aufgelegt? Genaues Timing hilft uns zu verstehen, was das Pferd uns sagen möchte.

DIE AUGEN – SPIEGEL DER SEELE?

Sagt man beim Menschen, dass das Auge der Spiegel der Seele ist, so reflektieren sie sicherlich auch beim Pferd seine Stimmungen! Weiche, große, dunkle Augen vermitteln den Eindruck von Entspanntheit und leichter Neugier. Augen, die aus Angst oder Schmerz weit aufgerissen sind, sehen ganz anders aus, besonders wenn das Weiße im Auge zum Vorschein kommt. Rollt das Pferd derart mit den Augen, so ist das normalerweise Ausdruck von Angst, zusätzlich ist der Kopf aufgerichtet, die Ohren wachsam gestellt und der Körper gespannt. Diese Signale der Körpersprache sagen uns, dass das Pferd vielleicht kurz davor ist, zu flüchten.

Spannung um die Augen herum, kann auch auf Spannung anderenorts hinweisen – Pferde, die sich unter Druck gesetzt oder sich unbehaglich fühlen, schauen oftmals beunruhigt aus, als wenn sie »die Stirn runzelten«, manchmal haben sie auch »Sorgenfalten« um die Augen herum. Bei einem nervösen Pferd sieht man oft das Weiße im Auge. Das »weiche« Augenblinzeln eines Pferdes ist ein äußeres Zeichen dafür, dass das Pferd nachdenkt und kommt häufig während einer Pause vor, daher rührt auch der alte Ausdruck: Blinzeln sie, denken sie.

Reitet man in einer Gruppe, sind angelegte Ohren ein klassisches Warnsignal, dass sich das Pferd von einem anderen bedroht fühlt; auf diese sichtbare Drohung folgt oft ein Ausschlagen.

Meistens bewegen sich die Ohren vor und zurück; insbesondere beim Reiten richtet sich die Aufmerksamkeit des Pferdes abwechselnd auf den Reiter und seine Umgebung. Ich denke immer, dass ein Pferd, dessen Ohren beim Reiten nach vorne von mir weggerichtet sind, mir damit sagen will, dass es sich für alles andere nur nicht für mich interessiert. Die meisten Reiter haben sicher schon einmal dieses Gefühl der »geistigen Abwesenheit« ihres Pferdes erlebt.

Auch bei Rennpferden kann man das gut sehen. Normalerweise gehen ihre Ohren auf der letzten Zielgeraden vor und zurück. Sind beide Ohren bei den letzten Galoppsprüngen des Rennens nach vorne gerichtet, konzentriert sich das Pferd weniger auf das Rennen als auf etwas, das es vor sich auf der Bahn gesehen hat! Meistens befinden sich die anderen Pferde vor oder mit Abstand hinter diesem Pferd. Pferde, die sich Ein-Kopf-an-Kopf-Rennen um den Sieg liefern, haben die Ohren oftmals als Zeichen der Herausforderung angelegt.

DAS SEHVERMÖGEN

Pferde haben die im Vergleich zu ihrer Körpergröße größten Augen aller Säugetiere auf dem Land, das zeigt, wie wichtig das Sehvermögen für sie ist. Außerdem können sie auch nachts ausgezeichnet sehen; man nimmt an, dass sie im Dunklen ebenso gut wie Hunde und Eulen sehen können.

Früher glaubten die alten Pferdeleute, dass ein kleines Auge oder wenn das Weiße im Auge zu sehen war, ein Hinweis darauf war, dass das Pferd »böse« oder schwierig zu trainieren wäre. Dafür gibt es tatsächlich auch eine physische Begründung. Durch die Position seiner Augen und ihre Größe hat das Pferd ein Blickfeld von beinahe 360 Grad. Ein Pferd mit einem kleinen, eingefallenen Auge verliert einen großen Teil seines Blickfeldes und kann nicht richtig erkennen, was um es herum und hinter ihm passiert. Somit ist ein Pferd mit kleinen Augen möglicherweise streitsüchtiger und schwieriger im Umgang und der Ausbildung.

Pferde müssen Farben nicht wie Vögel, die von Früchten und Beeren leben, unterscheiden können, sie müssen jedoch ein gewisses Maß an Farben sehen können, um die Tarnung eines Raubtieres zu durchschauen. Ein Tier, das Farben zumindest teilweise erkennen kann, ist viel schwieriger in einen Hinterhalt zu locken.

Die Position der Augen, die weit hinten seitlich am Kopf angebracht sind, versetzt das Pferd in die Lage, nahezu alles um sich herum zu sehen, wozu beinahe das gesamte Gebiet hinter ihm sowie der ganze Horizont vor ihm gehören. Trägt es den Kopf gerade, gibt es nur zwei blinde Stellen; die eine liegt ein paar Meter hinter seiner Kruppe, die andere ein paar Zentimeter vor seiner Nase.

Seine Nase ist klugerweise so konstruiert, dass das Pferd gleichzeitig fressen und seine Umgebung beobachten kann. Die Länge der Nase verhindert jedoch, dass es den Boden unter seinen Füßen sehen kann, wenn es mit der Vorhand abhebt, um ein Hindernis zu überspringen. Also kann ein Pferd das Hindernis im Moment des Absprungs nicht wirklich sehen und muss sich auf das Bild verlassen, das es sich ein paar Galoppsprünge zuvor gemacht hat.

RUNDUMSICHT

Die Lage der Augen entspricht seinem Bedürfnis, Dinge auf Entfernung gut ins Blickfeld nehmen zu können. Die Retina (der fokussierende Filter im Augenhintergrund) hat einen »scharfen« horizontalen Streifen im unteren Teil, »visueller Streifen« genannt; d.h., das Pferd hat ein wesentlich breiteres als höheres Blickfeld. Das Pferd nimmt mit dem Kopf unterschiedliche Positionen ein, um ein bestimmtes Objekt zu erfassen, damit die Lichtstreifen auf diesen visuellen Streifen fallen, um das Gesehene klarer zu erkennen.

Nachteilig für diese erstaunliche Rundumsicht ist, dass das Pferd nur

begrenzt die Fähigkeit hat, Objekte, die sich unmittelbar in seiner Nähe befinden, scharf zu erkennen, insbesondere weil es sie nicht wie der Mensch zurechtrücken kann – es kann beispielsweise kein Buch näher oder weiter weghalten. Das heißt, die Fähigkeit des Pferdes, Dinge zu erkennen, die sich in unmittelbarer Umgebung seines Blickfelds befinden, ist stark eingeschränkt, während es kleine Details aus der Distanz (sogar besser als eine Katze) sehen kann. Wird etwas für das Pferd in der Distanz in einen schärferen Fokus gerückt, kann das ein Scheuen zur Folge haben. Das erklärt auch, warum es manchmal bei einem Ausritt plötzlich erstarrt, wenn es beispielsweise einen Mann mit Hund auf einem Hügel mehrere Meilen entfernt sieht, lange, bevor wir etwas erkennen können.

DER GERUCHSSINN

Pferde haben einen hervorragenden Geruchssinn, von dem sie regen Gebrauch machen. Sie entwickeln zusätzlich zu ihrem eigenen einen Herdengeruch, deshalb wälzt sich eine Gruppe von Pferden oftmals an derselben Stelle auf der Koppel. Dieses Ritual verbindet die Pferde und gibt ihnen Zugang zu diesem speziellen »Klub« und somit der größeren Sicherheit der Herde. Pferde begrüßen sich untereinander, indem sie sich mit den Nüstern anblasen und man nimmt an, dass sie den Geruch eines anderen Pferdes noch zehn Jahre nach ihrer ersten Begegnung erkennen können. Eine hervorragende Methode der Kontaktaufnahme ist es, dem Pferd den Handrücken hinzuhalten, damit es kurz daran riechen kann.

Pferde benutzen auch ihren Geruchssinn, um ihre Nachbarn zu lokalisieren; dies trifft besonders auf Hengste zu, da sie genau wissen müssen, wo sich ihre Rivalen aufhalten. Hengste setzen ihren Kot auf dem anderer Pferde ab, um ihre eigene Botschaft zu übermitteln, zudem benutzen sie ihren Geruchssinn, um rossige Stuten auszumachen. Vielleicht haben Sie schon einmal einen Hengst gesehen, der mit aufgerichtetem Kopf seine Oberlippe nach oben gezogen und seine Nüstern verschlossen hat. Das nennt man Flehmen; dadurch werden Geruchspartikel in das Gaumendach gesogen, durch die der Geruch rossiger Stuten erkannt werden kann. Auch Stuten, Wallache und Fohlen flehmen, wenn sie den Geruch oder Geschmack von etwas Unbekanntem aufnehmen, wie beispielsweise einem Kräuterleckerli oder einem neuen Futtermittel. Stuten identifizieren ihre Fohlen fast ausschließlich am Geruch. Darum ist es auch so schwierig, eine Stute zur Adoption eines Waisenkindes zu bewegen; das Fohlen muss dazu so stark wie möglich nach dem eigentlichen Fohlen der Stute riechen.

EIN ENTSPANNTES MAUL BEDEUTET EIN ENTSPANNTES PFERD

Obwohl dem Pferdemaul nicht die gleiche Schlüsselrolle wie den Augen und Ohren zukommt, ist es Teil seiner Körpersprache. An der Bewegung des Pferdemauls kann der Reiter ablesen, ob ein Pferd entspannt oder beunruhigt und angespannt ist. Ein nervöses oder verspanntes Pferd bewegt sich mit fest zugepresstem Maul. Im Gegensatz dazu lockert das entspannte Pferd seine Kiefermuskulatur und kaut ruhig auf dem Gebiss. Das erste Anzeichen, dass das Pferd sich entspannt und den Menschen oder ein anderes Pferd akzeptiert, ist das Lecken der Lippen und das Kauen (links). Fohlen und junge Pferde benutzen außerdem ihr Maul, um älteren Pferden ihre Unterwürfigkeit zu zeigen. Oftmals öffnet und schließt ein junges Pferd das Maul mit klappernden Zähnen und klemmt den Schweif zwischen seine Hinterbeine, wenn es auf ein älteres Pferd zugeht.

Pferde können potenzielle Raubtiere an einem windstillen Tag bis auf 200 Meter Entfernung riechen und bis auf mehr als einen Kilometer, wenn der Wind aus der richtigen Richtung kommt. Weil wir diese Gerüche nicht wahrnehmen können, werden wir manchmal dazu verleitet, zu denken, dass sich das Pferd seltsam verhält. Sensoren überprüfen diese Gerüche, geben die Information an das Nervensystem des Pferdes und an das Gehirn weiter, welches ihm sagt, was der Geruch bedeutet – z.B. Gefahr, Fremde, Wasser oder Futter. Das erste Pferd, das ich mir selbst kaufte, war ein Vielseitigkeitspferd. Nachdem ich es heimgebracht und es sich eingewöhnt hatte, machten wir einen Ausritt. An einem Punkt hielt es plötzlich an, sein Kopf ging nach oben und ich konnte spüren, wie sein Herz raste. Es begann, die Straße hinunter zu piaffieren und zu passagieren. Als wir an eine Kreuzung kamen imitierte es Bambi – wild schnaubend nahm es die Vorderbeine leicht auseinander und wölbte Kopf und Hals. So etwas hatte ich noch nie erlebt. Hinter der Kurve befand sich eine Kuhherde. Mein Pferd hatte sie bereits beinahe einen Kilometer vorher gerochen und hatte furchtbare Angst vor den Tieren. Schließlich bestand der einzige Weg es an Kühe zu gewöhnen darin, es mit zunächst einer, dann zwei, dann drei Kühen auf die Koppel zu stellen, bis die ganze Herde folgte. Nachdem es Vertrauen aufgebaut und gelernt hatte, dass sie ihm aus dem Weg gingen, wurde es besser.

Ihr ausgeprägter Geruchssinn erklärt vielleicht auch die unheimliche Fähigkeit des Pferdes, immer nach Hause zu finden. Lässt man es in ungewohnter Gegend frei, wird es eher gegen den Wind und nicht direkt nach Hause laufen.

Pferde scheinen besonders sensibel auf den Geruch von Wasser zu reagieren, daher ist es absolut wichtig, dass das Wasser auf der Koppel und im Stall immer frisch ist. Es erklärt auch, warum es so schwierig ist, ein Pferd in fremder Umgebung dazu zu bewegen, »fremdes« Wasser oder Wasser mit Elektrolytzusatz zu trinken. Wenn es besonders wichtig ist, dass das Pferd genügend trinkt, wie beispielsweise bei einem Distanzritt, wird manchmal empfohlen, dem Wasser etwas Pfefferminzöl beizumischen, um den ungewohnten Geruch zu verschleiern.

GESCHMACK

Für das Pferd ist der Geruch die wesentliche Verbindung zum Geschmack. Botschaften werden von den Nerven zum Gehirn geleitet, das dann dem Pferd mitteilt, was der Geruch bedeutet. Darum weigern sich Pferde so häufig, schlechtes Futter, oder Futter mit Medikamentenzusätzen, auch wenn es noch so stark mit Äpfeln oder Molasse vermischt wurde, zu fressen, bevor sie es überhaupt mit dem Maul berühren.

Speichel bildet sich erst, wenn die Geschmacksnerven mit Futter oder einem anderen Anreiz in Kontakt kommen. Als Reiter glauben wir oft, dass es ein gutes Zeichen ist, wenn dass Pferd beim Reiten schäumt; starkes Schäumen bedeutet jedoch, dass

WAS DIE SCHWEIFHALTUNG VERRÄT

Der hoch aufgestellte Schweif eines Pferdes, das auf der Flucht ist oder sich zur Schau stellen möchte, ist leicht zu interpretieren. Als Verlängerung der Wirbelsäule sagt der Schweif außerdem viel über den Zustand des Pferderückens aus.

Ein schlagender Schweif beim Reitpferd deutet auf Irritation, Frustration, mangelnde Rittigkeit oder mangelnden Gehorsam hin. Ein fest eingeklemmter Schweif ist ein Zeichen von starkem Unwohlsein, entweder physisch oder psychischer Art. Ein angehobener Schweif, dessen letzter Wirbel einen kleinen Knick macht, ist ein Zeichen von Unsicherheit und Verwirrung.

sich das Pferd nicht wohl fühlt und kann von modernen Gebissen herrühren, denen ein bestimmter Geschmack beigefügt wurde, den das Pferd nicht mag, während der Besitzer denkt, er tue dem Pferd etwas Gutes damit!

BERÜHRUNG

Wir wissen alle, wie sensibel ein Pferd auf die leiseste Berührung reagiert – es kann spüren, wie eine Fliege auf seinem Fell landet – daran sollten wir bei einem Pferd, das angeblich »tot« am Schenkel ist, immer denken. Schlechtes Reiten und schlechte Ausbildung können dazu führen, dass das Pferd als eine Art Selbstschutz weniger sensibel reagiert. Das Pferd verliert jedoch nie seine Fähigkeit, eine Fliege auf seinem Körper zu spüren, egal wie schlecht es geritten wurde. Daher ist es immer möglich und lohnend, ein Pferd, unabhängig von seinem Alter, wieder an eine feinere Hilfengebung zu gewöhnen.

Das Pferdemaul ist das Äquivalent zu unseren Händen und Fingern. Am Maul befinden sich drahtige Tasthaare, deren Wurzeln viele Nervenenden besitzen, die wie eine Antenne funktionieren. Pferde sind von Natur aus Berührungstiere. Fremde Objekte am Boden werden mit dem Huf berührt; oftmals berühren sie auch Objekte mit der Nase, während sie daran riechen. Häufig genießen sie es, ihre Artgenossen und auch uns anzustupsen und sich an ihnen oder uns zu reiben.

Das Pferd besitzt ferner ein inneres Gefühl dafür, wie es seinen Körper zu positionieren hat, wenn es Wasser lässt oder Kot absetzt, wenn es hungrig oder durstig ist, wenn es Schmerzen spürt oder nur müde ist, oder wenn es sich nicht wohl fühlt. Es kann uns diese Informationen nur durch sein Verhalten und seine Körpersprache mitteilen, darum müssen wir stets aufmerksam sein und unser Pferd sehr genau beobachten.

Das Gehirn und die Denkweise

Das menschliche Gehirn ist für rationales Denken und das Lösen von Problemen geschaffen. Das wird als Denken in der »linken Gehirnhälfte« bezeichnet, weil dort – um ein sehr komplexes Thema zu vereinfachen – das rationale Denken stattfindet und das ist das, was Menschen zu 80 Prozent tun. **Pferde haben jedoch andere Bedürfnisse entwickelt. Sie müssen keine Probleme rational lösen können, um in der freien Natur zu überleben.** Alles, was sie können müssen, ist Futter und Wasser zu finden und davonzulaufen, wenn sie Unheil ahnen. Dazu müssen ihre Urinstinkte so gut wie möglich ausgeprägt sein.

Pferde benutzen zu 80 Prozent die rechte Gehirnhälfte; diese Art von Denken ist für das Überleben in der freien Natur erforderlich. Das Denken in der rechten Gehirnhälfte führt zu einem Adrenalinstoß, was einen eher aufwühlenden Effekt hat, während das Denken in der linken Gehirnhälfte Endorphine frei macht, was eher beruhigend wirkt.

Mit meiner Trainingsmethode möchte ich den Gebrauch der rechten und linken Gehirnfunktionen des Pferdes umkehren, damit es die linke (oder rationale) Seite zu 80 Prozent benutzt. Dadurch denkt es rationaler, analysiert erst, statt einfach durchzugehen. Warum möchte ich die 20 Prozent der rechten Gehirnfunktionen erhalten? Nun, ich möchte keinen Roboter; es ist mir wichtig, Persönlichkeit und Temperament des Pferdes zu erhalten.

Warum möchte ich überhaupt, dass das Pferd mehr mit der linken Gehirnhälfte denkt? Vor allem weil es dadurch für uns im Umgang sicherer wird und leichter auszubilden ist; es hilft ihm, eine Situation zu analysieren, anstatt aus Furcht Richtung Stall durchzugehen. Reaktionen, die in der rechten Gehirnhälfte entstehen, löschen sämtliche logischen Gedanken aus und damit die Fähigkeit, sich mit etwas auseinander zu setzen. Es bleibt nur die Furcht, die jeglichen Denkprozess im Keim erstickt.

DAS DENKEN IN DER LINKEN GEHIRNHÄLFTE

Jedes Mal, wenn wir mit dem Pferd etwas »Unnatürliches« oder »Menschliches« machen, z. B. es dazu zu bringen, Sattelzeug zu akzeptieren, einen Anhänger oder eine Box zu betreten, über bunte Hindernisse zu springen oder sich im Straßenverkehr zu bewegen, entwickeln wir sein linksseitiges Denken. Allein die Tatsache, dass es in unserer domestizierten Umgebung überhaupt existiert, ist ein Beweis dafür, dass es sich der menschlichen linksseitigen Denkweise schon stark angenähert hat.

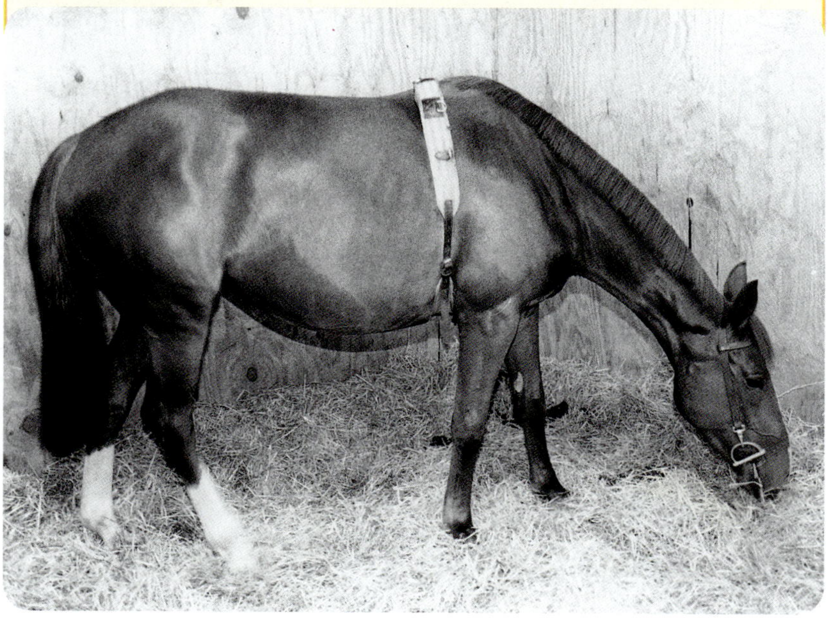

PFERDE SIND NICHT DUMM

Pferde sind nicht dumm, sie setzen einfach andere Prioritäten. Wie oft haben wir unser Pferd schon als dumm bezeichnet (selbst wenn wir es nur leise zu uns selbst gesagt haben) oder waren frustriert, wenn es scheinbar nicht begreifen wollte, was wir ihm beizubringen versucht haben? Es ist uns wahrscheinlich allen schon einmal passiert, selbst wenn wir tief in unserem Inneren wissen, dass es wahrscheinlich auf unser eigenes Unvermögen und nicht auf die Dummheit des Pferdes zurückzuführen ist. Denken wir daran, wie schnell selbst ein »dummes« Pferd lernt, das Tor aufzumachen, einen Futterbehälter zu öffnen oder aus der Reitbahn zu entkommen! Jeder hat eine Geschichte über derartige Eskapaden zu erzählen. Die Wahrheit ist, dass alle Pferde sehr schnell etwas lernen, wenn ihr Verhalten zu einer Belohnung führt, je größer die Belohnung, desto schneller lernen sie auch. Schafft es das Pferd, eine Stalltür aufzumachen, um aus seiner kleinen Box ins Freie zu kommen oder das Tor einer Matschkoppel zu öffnen, um an frisches Gras zu gelangen, ist dies sicherlich Belohnung genug, um dieses Verhalten erneut auszuprobieren. Schafft es das Pferd, in die Futterkammer zu kommen, so lohnt sich das bestimmt! Es perfektioniert die Kunst, einen Riegel zu öffnen durch Herumprobieren, nicht indem es wirklich »nachdenkt«.

Die Wahrheit ist, dass alle Pferde sehr schnell etwas lernen, wenn ihr Verhalten zu einer Belohnung führt, je größer die Belohnung, desto schneller lernen sie auch.

Manchmal lernt das Pferd auch Dinge, die uns weniger amüsieren. Nehmen wir beispielsweise ein Pferd, das bockt, weil es sich unwohl fühlt, den Reiter abwirft und somit den Grund seines Unbehagens entfernt. Das könnte man nächstes Mal doch wieder probieren. Das bedeutet nicht, dass das Pferd »böse« ist oder »versucht« Sie abzuwerfen. Es ist einfach der logische Weg zur Wohlfühlzone (und für gewöhnlich auch der letzte nach einer Reihe von subtileren Vorankündigungen, wie Schweifschlagen oder Ohrenanlegen, die ignoriert worden sind). Verfolgt man diesen Gedankengang noch weiter, dann kann man dem Pferd unwissentlich »beibringen«, während des Sattelns zu buckeln, bevor der Reiter überhaupt aufsitzt.

Obwohl in der Großhirnrinde von Pferden sicherlich der »Rohstoff« für die Fähigkeit zu denken vorhanden wäre, ist es wesentlich wahrscheinlicher, dass ihr Verhalten von ihrem Instinkt, den für das Überleben ange-

WARUM BUCKELT EIN PFERD?

Leidet ein Pferd an Rückenschmerzen, entdeckt es vielleicht, dass es seinen Schmerz lindern kann, wenn es den Reiter herunterbuckelt.

LERNMETHODEN

Jedes Pferd ist »intelligent« genug, um etwas zu lernen, machen wir jedoch auch immer das Beste daraus? Es gibt viele Methoden etwas zu lernen, die eine mehr, die andere weniger effektiv (siehe auch »Wie man etwas Neues lehrt«, Seite 41).

Gewöhnung	*ist eine einfache Lernform, bei der das Pferd desensibilisiert wird, indem man es immer wieder einem Reiz aussetzt, der ihm keinen Schaden zufügt. Ein Beispiel ist die Prägephase des Fohlens, in der es kurz nach der Geburt verschiedenen harmlosen Reizen ausgesetzt wird (Imprinting), wie dem Klang einer Schermaschine oder Finger im Maul und in den Ohren zu spüren. Später kann man ein Pferd an starken Verkehr oder Fahnen schwenkende Menschen gewöhnen, wenn man es langsam daran heranführt und ihm niemals Grund zur Angst gibt. Polizeipferde sind das beste Beispiel. Macht ein Pferd jedoch einmal eine schlechte Erfahrung, durch die es verletzt oder bedroht wird, sieht die Sache ganz anders aus. Das außergewöhnliche Gedächtnis des Pferdes, das uns bei der Ausbildung von so großem Nutzen ist, kann somit auch zum Nachteil werden.*
Klassische Konditionierung	*bedeutet, dass das Pferd lernt, eine Verbindung zwischen einem bestimmten Reiz und einer Reaktion herzustellen. So sagt man zum Beispiel »Fuß«, während man den Fuß mit einem Hufkratzer berührt, um es zum Aufheben des Hufes anzuregen. Oder das Pferd kommt an den Zaun heran, weil es die Ankunft des Besitzers mit Futter in Verbindung bringt.*
Aktive Konditionierung	*bedeutet, dass das Pferd willkürlich etwas tut, um eine Belohnung zu bekommen (positive Bestätigung). Damit positive Bestätigung effektiv ist, ist es wichtig, die Belohnung erst zu geben, wenn das erwünschte Verhalten auch eingetreten ist. Bei negativer Bestätigung ist es absolut notwendig, sofort damit aufzuhören, wenn sich das Pferd in gewünschter Weise verhält. Sowohl mit positiver, wie auch mit negativer Bestätigung möchte man eine Reaktion hervorrufen.*
Strafe	*ist nicht mit negativer Bestätigung zu vergleichen. Sie wird ausgeführt, wenn das Pferd sich unerwünscht verhalten hat, mit dem Ziel diese Reaktion zu unterbinden. Sie ist fast niemals ein effektives Trainingsmittel, da Strafe Furcht, Widerstand und Unentschlossenheit hervorruft sowie andere emotionale Nebenwirkungen hat, die alle dem Lernprozess schaden. Furcht ist dem Pferd nur dann nützlich, wenn sie ihm hilft, einer Gefahr zu entkommen.*

nehmsten Platz zu finden, bestimmt wird. Dies wird von Pferdebesitzern fälschlicherweise oft als Klugheit interpretiert. Anders ausgedrückt, die Evolution hat dafür gesorgt, dass sich jedes Tier an den für ihn vorgesehenen Platz anpassen kann, d.h., es entwickelt Fähigkeiten, die es in die Lage versetzen, die Probleme, die sein Überleben bedrohen, zu lösen.

Obwohl wir gerne die Fähigkeit unserer Tiere, Probleme zu lösen, als Intelligenz bezeichnen, gibt es kaum Anzeichen für analytische Fähigkeiten bei Pferden. Sie müssen nicht analysieren, um zu überleben, sie müssen einfach extrem wachsam sein und so schnell wie möglich laufen, wenn sie sich bedroht fühlen. Im Gegensatz dazu analysieren Hunde und andere Raubtiere die Situation und arbeiten bei der Jagd auch zusammen, um ihr »Abendessen« zu sichern.

Obwohl wir gerne die Fähigkeit unserer Tiere, Probleme zu lösen, als Intelligenz bezeichnen, gibt es kaum Anzeichen für analytische Fähigkeiten bei Pferden. Sie müssen nicht analysieren, um zu überleben, sie müssen einfach extrem wachsam sein und so schnell wie möglich laufen, wenn sie sich bedroht fühlen.

Lernen im Kindesalter

Wie die Menschen, werden erwachsene Pferde von Ereignissen in jungen Jahren stark geprägt. Pferdepsychologen glauben, dass insbesondere traumatische Erlebnisse beim Absetzen eine Kettenreaktion auslösen können und zu Unsicherheit und Anpassungsunfähigkeit führen, was in späteren Jahren wiederum Verhaltensprobleme verursachen kann.

Normalerweise wird das Absetzen des Fohlens im Alter von vier bis sechs Monaten durchgeführt. Ein Fohlen, das im Frühjahr geboren wurde, wird im Herbst oder zu Beginn des Winters sechs Monate alt sein, dann wird es der Stute schwer fallen, ohne genügend Gras ausreichend Milch zu produzieren und dabei selbst nicht körperlich abzubauen. Es ist für das Fohlen lebenswichtig in seinen ersten Lebenstagen die schützenden Antikörper aus der Muttermilch zu erhalten, danach werden die meisten domestizierten Pferde eher überfüttert, als dass sie zu wenig Futter erhalten. Die Fohlen werden zu schnell zu groß, was zu allen möglichen Entwicklungsproblemen und später auch zu Gesundheitsproblemen führt. Kürzt man das Futter der Stute, wird sie vielleicht stark abnehmen und das Fohlen nicht mehr mit allen wichtigen Nährstoffen versorgen können. Durch das Absetzen kann der Besitzer die Nahrungsaufnahme von Stute und Fohlen besser kontrollieren, was für beide ein Vorteil ist.

Es gibt unterschiedliche Methoden für das Absetzen; manche Züchter stellen Stuten und Fohlen auf benachbarte Weiden, wodurch sie sich noch sehen, riechen und berühren können, das Saugen jedoch unterbunden wird. In der ersten Woche stehen Stuten und Fohlen wahrscheinlich noch am Zaun, mit der Zeit verlieren sie jedoch das Interesse aneinander. Andere nehmen einfach die Stute weg, wobei das Fohlen hoffentlich zumindest in seiner vertrauten Umgebung mit anderen Absetzern zurückgelassen wird. Diese Methode wird für gewöhnlich von verzweifeltem Wiehern und Herumgaloppieren von Stute und Fohlen begleitet; die Gefahr einer Verletzung

und eines psychologischen Schadens ist hoch. Studien zeigen, dass die Wahrscheinlichkeit, dass Fohlen, die von ihren Müttern weggenommen und einzeln in Boxen eingesperrt wurden, drei Mal so groß ist, abnormales Verhalten zu zeigen als bei Fohlen, die während des Entwöhnungsprozesses noch weiter Kontakt zu anderen Fohlen hatten und acht Mal so hoch, als bei Fohlen, die überhaupt nicht abgesetzt wurden.

Ohne den Einfluss der Mutter und

Was ist das ideale Alter und die ideale Methode für das Absetzen? Die untere Grenze liegt bei vier Monaten oder 120 Tagen, dies ist jedoch mit Sicherheit nicht der Zeitrahmen, den die Natur vorgibt. Bei Pferden spielen wie bei Menschen kulturelle Vorgaben eine Rolle. Das »natürliche« Alter, in dem sich das Fohlen in der Freiheit von der Mutter löst, liegt zwischen acht Monaten und einem Jahr.

die erzieherischen Maßnahmen der restlichen Herde, besteht die Gefahr, dass die jungen Pferde durch frühes und unsachtes Absetzen Schwierigkeiten in der Sozialisierung mit anderen Pferden haben; auch Trennungsängste können entstehen, die später im Umgang und beim Reiten zu Problemen führen. Also ist keine dieser Methoden der ideale Start ins Leben, den wir uns für unsere jungen Pferde wünschen.

Sicherlich ist das Absetzen natürlich und notwendig. In der freien Natur entwöhnt eine inzwischen wieder tragend gewordene Stute ihr Fohlen selbst, um genügend Nährstoffe für das neue Fohlen zu haben. Sie sorgt jedoch ganz allmählich dafür, dass das Fohlen ohne großen Stress selbstständiger wird, etwa durch Ohrenanlegen oder ein harmloses Ausschlagen. Gleichzeitig wird der Drang des Fohlens, bei der Stute zu saugen, weniger, da es inzwischen auch andere Dinge – wie beispielsweise Gras – frisst.

Wir sollten versuchen, diesen langsamen Gewöhnungsprozess auch zu Hause nachzuahmen. Nehmen Sie sich die Zeit, Stute und Fohlen an eine Trennung zu gewöhnen, indem Sie sie anfangs nur für ein paar Sekunden außer Sichtweite voneinander bringen. Dieser Zeitraum kann langsam verlängert werden. Sorgen Sie dafür, dass es für beide Parteien zu einem angenehmen Erlebnis wird, indem beide gefüttert werden, bevor man sie wieder zusammenbringt. Bringen Sie ihnen bei, dass eine Trennung kein Grund zur Panik ist, da sie in Kürze wieder zusammen sein werden. Wird in dieser Phase genügend Zeit und Einfühlungsvermögen aufgebracht, hat man alles getan, um die Voraussetzungen für ein unproblematisches Pferd zu schaffen.

WIE MAN ETWAS NEUES LEHRT

Verhaltensforscher sagen, dass alles Neue in kurzen, angenehmen, ruhigen Trainingsabschnitten, die häufig wiederholt werden, gelernt werden sollte, was ich durch meine Erfahrungen nur bestätigen kann. Studien zeigen, dass die Anzahl von Versuchen wichtig ist, nicht Zeitpunkt, Ort oder Dauer. Ein Pferd benötigt im Durchschnitt etwa sechs Wiederholungen, bis es etwas lernt; man sollte eine Übung jedoch mindestens 20 Mal durchführen, damit die Ausführung automatisch wird. Damit wird sichergestellt, dass das Pferd mit der jeweiligen Prozedur so vertraut ist, dass es sie auch noch beherrscht, wenn es nervös oder aufgeregt ist. (Diese Psychologie steckt auch hinter dem Armeedrill – übt man es immer und immer wieder in Friedenszeiten, können die Soldaten auch in einer Kriegssituation ihre Gewehre schnell laden.)

Durch diese Methode wird das Erlernte im Kurzzeitgedächtnis des Pferdes verankert; um es im Langzeitgedächtnis festzumachen, müssen die Übungen mindestens alle drei Tage wiederholt werden, bis sie absolut zur Gewohnheit werden. Auch wenn man versucht ist, die Rampe zuzuschlagen, nachdem man es endlich geschafft hat, ein schwieriges Pferd zu verladen, ist es das Beste, das Pferd noch ein paar Mal ein- und auszuladen; das Ganze sollte dann wenigstens alle drei Tage oder bis es zur Gewohnheit geworden ist, wiederholt werden.

Viele verstehen die Notwendigkeit der Wiederholungen nicht. Sie schaffen es mit großen Schwierigkeiten, dass das Pferd eine Aufgabe absolviert, belohnen es dafür und beklagen eine Woche später den Mangel an Fortschritt, nämlich wenn sie genau auf dasselbe Problem stoßen. Denken Sie daran: Wenn man wütend oder frustriert ist, richtet sich die Aufmerksamkeit des Pferdes eher auf unseren Ärger, als auf die zu bewältigende Aufgabe, was für das Lernen nicht gerade förderlich ist.

Meine Methode im Test

Seit langer Zeit schon wollte ich mein Wissen über Ausbildungsmethoden auf die Probe stellen. Da ich zuvor noch kein Pferd vom Tag seiner Geburt bis zum frühen Erwachsenenalter um mich gehabt hatte, entschloss ich mich, zwei Fohlen als meine »Forschungsgruppe« zu züchten. Ich entschied mich für zwei, damit ich die Fohlen zusammen absetzen konnte. Ich hatte zwei schöne Stuten. Patsy ist ein sehr dominantes ehemaliges Rennpferd; hätte ich sie schon früher bekommen, wäre sie ein fantastisches Vielseitigkeitspferd geworden. Ich ließ sie von Welton Crackerjack decken. Die andere Stute namens Lilly war noch jung und vertraute den Menschen nicht besonders, da sie ein paar schlechte Erfahrungen in den ersten zwei Jahren ihres Lebens gemacht hatte. Ich ließ sie von meinem Hengst Nosey decken, der aus einer sehr guten Linie von Vielseitigkeitspferden stammt, jedoch ohne eigene Schuld unreitbar geworden war. Wir hatten es zwar geschafft, ihn zu reiten, er war dabei allerdings nie besonders glücklich; er hat in jeder anderen Hinsicht ein so herrliches Temperament, dass ich ihn dazu nicht zwingen wollte. Jetzt steht er auf der Weide und bekommt manchmal Besuch von einer Stute.

Ich erwartete die Geburt meiner Fohlen mit großer Spannung. Patsy bekam ihr Fohlen zuerst, ein prächtiges Hengstfohlen, das wir Fly-by-Night nannten. Nach seiner Geburt prägte ich es ungefähr zehn Minuten lang (Imprinting), während seine Mutter aus ca. 30 cm Entfernung zusah; es war ein wunderbares Erlebnis. Patsy ist normalerweise sehr dominant und besitzergreifend, war in dieser Situation jedoch völlig ruhig und gelassen. Ungefähr vier Wochen später bekam Lilly ein wunderschönes fuchsfarbenes Stutfohlen, das wir Scarlet nannten, zum einen wegen der roten Farbe, aber auch weil sie sich Fly gegenüber so unzüchtig benahm, Scarlet wurde ebenfalls von mir geprägt.

ABSETZEN

Das Absetzen von Scarlet und Fly war so unproblematisch, dass ich mich kaum daran erinnern kann. Es ist immer hilfreich, wenn man zwei Fohlen hat. Dadurch, dass sie daran gewöhnt waren, dass auch einzeln mit ihnen gearbeitet wurde, waren sie recht unabhängig voneinander. Im ersten Winter teilten sie sich ihren Stall und waren seit ihrer Geburt immer zusammen auf der Weide. Trotzdem konnte ich jederzeit einen von ihnen herausnehmen, ohne dass sie dabei irgendwelche Trennungsängste erlitten.

GEWÖHNUNG

Die Gewöhnung ist eine einfache Form des Lernens, bei der das Pferd desensibilisiert wird, indem man es wiederholt einem Reiz aussetzt, der ihm nicht schadet, wie mein Vollblutjährling Fly hier demonstriert.

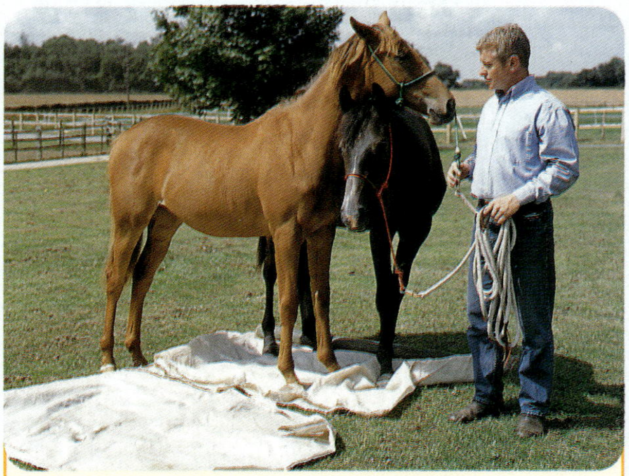

ZU ZWEIT FÜHLT MAN SICH SICHERER

Pferde haben ein ausgeprägtes soziales Gefüge und die Gegenwart anderer Pferde gibt ihnen ein enormes Gefühl an Sicherheit. Es ist sinnvoll, diesen Umstand im Training zu nutzen, um Vertrauen aufzubauen und die Kommunikation zu vereinfachen. Die Plastikplane wird hier als interessantes Spiel und nicht als Furcht erregendes Hindernis gesehen.

DIE ANFÄNGE

In ihren ersten drei Lebensjahren holte ich die Fohlen von Zeit zu Zeit von der Weide und arbeitete mit ihnen. Ich gewöhnte sie schon früh an das Halfter und machte einfach ein paar Übungen mit ihnen, wie rechts im Bild auf der großen Wippe.

Nach dieser Vorbereitung war es kein Problem, sie an Sattel und Zaumzeug zu gewöhnen und als es an das Einreiten ging, nahm ich sie oft als Handpferd neben einem älteren, erfahreneren Pferd mit.

Ich habe, wie andere auch, damit zu kämpfen, die Pferde mit der Arbeit, Familie und anderen Verpflichtungen unter einen Hut zu bekommen. Obwohl sie nur drei bis vier Mal pro Woche ca. 15–20 Minuten geritten wurden, sind beide zweifellos die umgänglichsten und wohlerzogensten Pferde, mit denen ich es je zu tun hatte. Natürlich bin ich etwas voreingenommen; als ich jedoch für sie ein neues Zuhause gesucht habe, wo sie ihre Aufgabe, für die sie gezüchtet wurden, erfüllen können, hat jeder potenzielle Käufer ausnahmslos ihre guten Manieren hervorgehoben. Sie sind trotz allem frech und haben eine ausgeprägte Persönlichkeit, was aber nichts mit Rüpelhaftigkeit zu tun hat!

Macht das Pferd schon frühzeitig gute Erfahrungen beim Lernen, schafft das auch eine Bindung zwischen Mensch und Pferd, die nicht zu ungezwungen ist, meiner Meinung nach immer ein Nährboden für Respektlosigkeit – was bei einem drei Monate alten Fohlen ein Spaß ist, ist bei einem Dreijährigen keiner mehr. Durch dieses Training entsteht nicht nur eine wunderbare Bindung, man erhält auch ein junges Pferd, das sich überall, sei es beim Schmied oder Tierarzt, usw. gut benimmt. Auch bei jeder Fohlenschau wird man das Fohlen mit den besten Manieren vorstellen, es wird zufrieden, ohne Unfug zu machen, im Schritt und Trab auf Schulterhöhe neben dem Menschen herlaufen. Will man noch einen Schritt weitergehen, dann kann man die Stute gleichzeitig mittrainieren; Lilly konnte dadurch mehr Vertrauen aufbauen und ist jetzt im Umgang mit Menschen sehr gelassen. Letztendlich tut man damit auch dem Pferd einen großen Gefallen. Die Umstände können sich immer ändern, so dass man vielleicht einmal gezwungen sein wird, sein Pferd zu verkaufen. Es wird auf jeden Fall immer wesentlich einfacher sein, ein gutes, liebevolles Zuhause für ein Pferd zu finden, das durch seine Ausbildung zu einem liebenswerten und wertvollen Tier geworden ist!

ÜBUNG AUF DER WIPPE

Die Übung auf der Wippe hat das Verladen von Scarlet und Fly erleichtert und ihnen beigebracht, dass sie durch Gewichtsverlagerung die Bewegung der Wippe kontrollieren konnten. Es hat sie angeregt, darüber nachzudenken, was sie taten und ihre linke Gehirnhälfte zu benutzen. Sie gewöhnten sich auch daran, über Plastikplanen und Segeltücher zu gehen. Mit der Zeit reagierten sie so gelassen, dass sie sie aufhoben und damit spielten.

ICH FOLGE MEINEM ANFÜHRER

Das Führen meiner Jungpferde von einem erfahrenen Führpferd aus, hat ihr Selbstvertrauen gefördert und sie daran gewöhnt, dass ich über ihnen saß. Als ich mich zum ersten Mal auf sie setzte, passierte gar nichts! Es war nur der logische nächste Schritt – sie dachten nicht daran, mich loswerden zu wollen. Als Dreijährige gingen sie schon zufrieden alleine mit mir ins Gelände.

Wie die Bodenarbeit funktioniert

Wie schon erwähnt, beruht **meine Methode auf dem natürlichen Bedürfnis des Pferdes, sich von etwas Unbehaglichem weg in eine »Wohlfühlzone« zu bewegen** und basiert auf den eigenen Regeln der Kommunikation der Pferde untereinander, nämlich sichtbarem, spürbarem und emotionalem Druck.

Druck kann verschiedene Formen haben. Das Pferd muss lernen, auf jede Form stets gleich zu reagieren – es muss den Druck respektieren, ihm Aufmerksamkeit entgegenbringen und sich davon wegbewegen, sei es von einer Geste mit der Hand (sichtbarem Druck), vom Halfter, Strick, Zügel oder Bein (spürbarem Druck). Sobald das Pferd reagiert, wird es durch ein Lösen des Drucks und zusätzlich vielleicht noch durch ein sanftes Streicheln belohnt. So einfach ist das.

Bei der Bodenarbeit auf Distanz (Seite 54–81 wird aufgezeigt, wie zusätzlich der emotionale Druck bei der Ausbildung des Reitpferdes in Form von der Arbeit am langen Strick und an der Doppellonge eine Rolle spielt. Zunächst konzentrieren wir uns darauf, dem Pferd die Grundlagen mittels spürbaren Drucks beizubringen, indem wir ein Druckhalfter verwenden. Wird das Pferd mit der Zeit aufmerksamer, werden viele spürbare Zeichen überflüssig und es sollte beginnen, auf wesentlich subtilere visuelle Zeichen zu reagieren.

Fehlende Konsequenz verwirrt das Pferd. Das wichtigste bei der Ausbildung von Pferden ist daran zu denken, dass sich ihnen nicht einprägt, wie schnell der Druck erfolgt, sondern wie schnell man nachgibt.

DAS TRAININGSHALFTER

Es gibt eine Vielzahl von Druckhalftern auf dem Markt, die meisten sind meiner Meinung nach jedoch nicht besonders gut. Aus diesem Grund habe ich mein eigenes Halfter entworfen, das ich inzwischen selbst aus einem geschmeidigen, geflochtenen Seil, wie man es zum Segeln verwendet, herstelle und das nie hängen bleibt. Viele so genannte Druckhalfter machen ihrem Namen zwar alle Ehre, indem sie Druck ausüben, geben jedoch nie nach. Der Trainer muss einen Schritt nach vorne machen, um den Druck zu lösen, wodurch die Belohnung für das Pferd zu spät kommt. (Geeignete Druckhalfter können bei mir gekauft werden, siehe Seite 149 oder von anderen »Natural-Horsemanship-Trainern«, wie Pat Parelli oder Monty Roberts.)

AUSRÜSTUNG

Bei meiner Arbeit benutze ich stets ein Trainingshalfter und eine Auswahl von Stricken (siehe unten).

Der Zweck eines Trainingshalfters liegt nicht darin, auf das Pferd Druck auszuüben, um es herumzuziehen oder grob zu behandeln, sondern um Druck als Trainingshilfe einzusetzen. Einer der wesentlichen Punkte in der Ausbildung von Pferden ist, dass sie unser »Ja« klar von unserem »Nein« unterscheiden können. Üben wir Druck aus, und das Pferd macht auch nur die geringste Bewegung in die richtige Richtung, so müssen wir den **sofort** wieder lösen. Auf diese Weise kann das Pferd sehr schnell lernen, was wir von ihm erwarten. Mangelnde Konsequenz verwirrt das Pferd. Erinnern Sie sich, was ich über meine Lehrer geschrieben habe (Seite 29)! Das Wichtigste bei der Ausbildung von Pferden ist, daran zu denken, dass sich ihnen nicht einprägt, wie schnell der Druck erfolgt, sondern wie schnell man nachgibt.

Denken Sie daran, dass das Prinzip von Druck und Nachgeben (»Ja« und »Nein«) auf alle Aspekte der Reiterei anwendbar ist. Möchte man beispielsweise eine halbe Parade geben, wird mit dem Zügel leichter Druck ausgeübt; reagiert das Pferd, wird der Druck sofort wieder gelöst. Dadurch wird das Pferd belohnt und entsprechend leicht in der Hand und aufmerksam sein. Man sollte immer mit den feinsten Zeichen beginnen, um zu sehen, ob das Pferd darauf bereits reagiert. Ist dies nicht der Fall, kann der Druck immer noch verstärkt werden.

Beachten Sie bitte auch, dass ein grober Umgang mit dem Pferd der Beziehung zu ihm immer schadet, unabhängig davon, was man für ein Halfter verwendet.

DIE ERSTEN SCHRITTE

Das Grundprinzip von Druck und Nachgeben beeinflusst jeden Aspekt des Pferdelebens und unserer Beziehung zu ihm, angefangen vom Verhalten im Stall bis zum höheren Turniersport. Bewegt es sich schnell und leicht am Boden vom Druck weg (besser noch, schon in Erwartung des Drucks), ist es auf dem richtigen Weg, die komplexeren und feineren reiterlichen Hilfen in der späteren Ausbildung zu verstehen. Darum schulden wir es dem Pferd, besonders dem Jungpferd, uns genügend Zeit für die Bodenarbeit zu nehmen, da so der Stress und etwaiges Unbehagen, wenn es später einen Reiter trägt, minimiert wird. Außerdem machen wir uns selbst auf diese Weise das Leben wesentlich einfacher!

Wenn wir ähnliche Anforderungen an das Pferd stellen, wie auf den folgenden Seiten beschrieben, muss es seine linke Gehirnhälfte benutzen. Es muss darüber nachdenken, was wir von ihm wollen und eine Antwort darauf finden. Dadurch werden Endorphine freigesetzt; beobachtet man das Pferd genau, kann man sehen, dass es langsam schläfrig wird. Darum müssen die Trainingseinheiten relativ kurz gehalten werden, ca. 5–10 Minuten bei einem jungen und 10–15 Minuten bei einem älteren Pferd. Bodenarbeit hat nichts mit schwierigen Pferden zu tun, sondern soll als Abwechslung und zur Verbesserung der Arbeit unter dem Sattel dienen.

Bei den nachfolgenden Übungen müssen beide Seiten des Pferdes bearbeitet werden. Man muss jedes Mal von vorne anfangen und jede Lektion auf der anderen Seite neu lehren. Pferde übertragen eine Lektion, die sie auf einer Seite gelernt haben, nicht so leicht auf die andere. Ihre Reaktion kann auch unterschiedlich ausfallen, weil es ihnen körperlich schwerer fällt, ihre Bewegungen auf einer bestimmten Seite zu koordinieren. Auch die meisten Menschen sind nicht mit beiden Händen gleich geschickt, das trifft ebenso für Pferde zu!

Bei allen in diesem Buch aufgeführten Übungen ist es wichtig, in einer sicheren Umgebung zu arbeiten, in der sich das Pferd entspannen kann und nicht zu sehr abgelenkt wird. Ideal ist ein kleiner Paddock oder Reitplatz. Auch sollte man nie arbeiten, wenn man müde oder schlecht gelaunt ist, oder zu wenig Zeit hat.

STRICKE UND LONGEN

Dies ist eine Auswahl der von mir verwendeten Stricke. Von rechts nach links: ein dicker schwerer Strick von ca. 2,5 m Länge für die körpernahe Arbeit, ein dünnerer von 4 m Länge für das Kreisen und ein sehr dünner, 15 m langer Strick, den man verwenden kann, wenn der Gehorsam des Pferdes so groß ist, dass man auch auf größere Entfernung mit ihm arbeiten kann. Außerdem werden noch zwei Longen gleicher Länge (10 m) und Gewichts gezeigt.

DAS HALFTERTRAINING

Mit einem jungen oder neuen Pferd muss unbedingt ganz von vorne begonnen werden, selbst wenn man meint, alles wäre klar. Natürlich kann man diesen Teil des Programms schnell absolvieren, wenn man merkt, dass das Pferd das Prinzip versteht – man wird jedoch überrascht sein, bei wie vielen, selbst scheinbar gut ausgebildeten Pferden, das nicht der Fall ist. Dann entdeckt man große Lücken in den Grundlagen, die schnell zerbröckeln, je weiter die Ausbildung fortschreitet! Als kleiner Test kann man versuchen, das Pferd auf den leisesten Druck am Halfter rückwärts treten zu lassen. Tut es das nicht, so hat es das Prinzip des sich Wegbewegens vom Druck noch nicht richtig verstanden.

Gewöhnen Sie das Pferd an Druck und Nachgeben. Am besten benutzt man dazu zunächst ein Strickhalfter. Dadurch wird Druck auf Nase und Genick des Pferdes ausgeübt und in dem Moment, indem es aufhört sich zu wehren und in die geforderte Richtung tritt, wieder gelöst. Es wird für seine Mitarbeit doppelt belohnt, zum einen durch das sofortige Nachgeben und zum anderen durch ein Lob des Menschen. Es ist die Bewegung auf den Menschen zu, welche den Druck löst.

1 Hier sieht man, dass Troy sich zunächst dem Druck widersetzt, ich bleibe jedoch passiv. Das ist wichtig; es geht hier nicht darum, ihn mit Gewalt zu mir herzuziehen. Üben Sie einfach Druck aus und warten, bis das Pferd selbst herausfindet, was es tun muss, um sich das Leben leichter zu machen. Zu Beginn dieser Übung sollte man sehr nahe am Pferd stehen, damit ein einziger Schritt ausreicht. Danach kann man die Distanz zwischen Pferd und Mensch (d.h. die Länge des Stricks) allmählich vergrößern.

2 Lassen Sie sich nicht dazu verleiten, auf das Pferd zuzugehen – Sie wollen seine Aufmerksamkeit und seinen Respekt, also muss es auf Sie zukommen. Tritt das Pferd zurück, dann folgen Sie ihm unter Beibehaltung des Drucks, bis es merkt, dass der Druck so nicht nachlässt.

3 Auf dem kleinen Bild kann man sehen, dass Troy bald merkt, dass die richtige Reaktion auf meine einfache Anforderung schnell in den Wohlfühlbereich zurückführt, wo er zusätzlich noch belohnt wird.

... wie man die Grundprinzipien von Druck und Nachgeben vermittelt

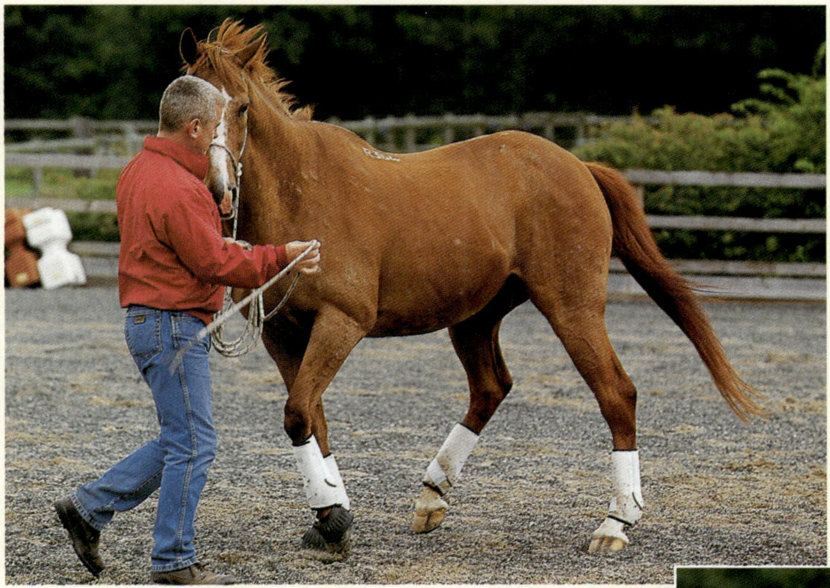

Erlangen Sie die Kontrolle über die Hinterhand. Diese Methoden erscheinen einfach, verfolgen jedoch alle das Ziel, mit diesem Training ein leichtes, ausbalanciertes und feiner reagierendes Pferd unter dem Sattel zu bekommen. Hat das Pferd dieses Prinzip von Druck und Nachgeben allmählich begriffen, müssen wir als Nächstes die Kontrolle über die Hinterhand bekommen.

1 Wenden Sie das gleiche Prinzip von Druck und Nachgeben auf die Hinterhand an. Anders gesagt, fordern Sie das Pferd auf, seine Hinterhand vom Druck wegzubewegen. Zunächst schwingt man dazu das Seil in Richtung Hinterhand, die jedoch nicht berührt wird; das Seil muss dabei durchhängen.

2 Wie zuvor müssen wir das Pferd in dem Moment, indem es die richtige Entscheidung trifft loben, indem wir aufhören, Druck auszuüben (das Schwingen des Seils einstellen). Es ist absolut notwendig, dem Pferd ganz klar zu machen, welches die richtige Bewegung ist, für die es belohnt wird, damit es genau weiß, was es tun muss. Dazu muss man selbst absolut konsequent sein und so lange ruhig auf das Wegdrehen der Hinterhand bestehen, bis es dies auch tut.

Eine »falsche« oder gar keine Bewegung wird nicht bestraft – das Pferd erfährt lediglich unseren ruhigen und beharrlichen Druck, der es (ohne Schmerz oder Angst) veranlasst, die richtige Bewegung auszuführen. Es kommt darauf an, eine Situation zu schaffen, in der das Pferd nur gewinnen kann. Wir bieten ihm etwas so einfaches an, was so offensichtlich zu seinem Vorteil ist, dass es nicht widerstehen kann! Pferde wählen immer den Weg des geringsten Widerstandes.

Verringern Sie den Druck. Als ich diese Übung später noch einmal wiederholte, begann Troy nach nur wenigen Augenblicken des spürbaren Drucks mit Hilfe des Seils auf sichtbaren Druck (einer einfachen Geste mit der Hand) zu reagieren, indem er seine Hinterhand entsprechend wegbewegte. Wenn das Pferd weiß, was man von ihm erwartet, dürfte es nicht mehr nötig sein, es zu berühren. Unsere Zeichen müssen mit der Zeit so fein werden, dass sie gerade noch eine Reaktion auslösen.

HALFTERTRAINING (Fortsetzung)

Verlangen Sie die Kontrolle über die Schulter. Nun müssen wir uns dem vorderen Ende des Pferdes zuwenden, indem wir die Schultern wie zuvor die Hinterhand um uns herumbewegen. Die Kontrolle über die Schultern ist der Schlüssel für ein Pferd, das leicht in der Hand und gehorsam unter dem Sattel ist, sowie für die Lösung unzähliger Probleme beim Reiten, wie Scheuen und Kleben; man geht damit auch gegen die meisten Probleme beim Führen an, die unweigerlich aufkommen, wenn das Pferd gelernt hat, seine Schulter einzusetzen, um seinen Willen durchzusetzen. Bedenken Sie – scheut das Pferd, tut es das mit der Schulter, Steigen ist ein Sich-Entziehen mit der Schulter, auch das seitliche Ausbrechen vor einem Hindernis ist ein Entziehen mit der Schulter.

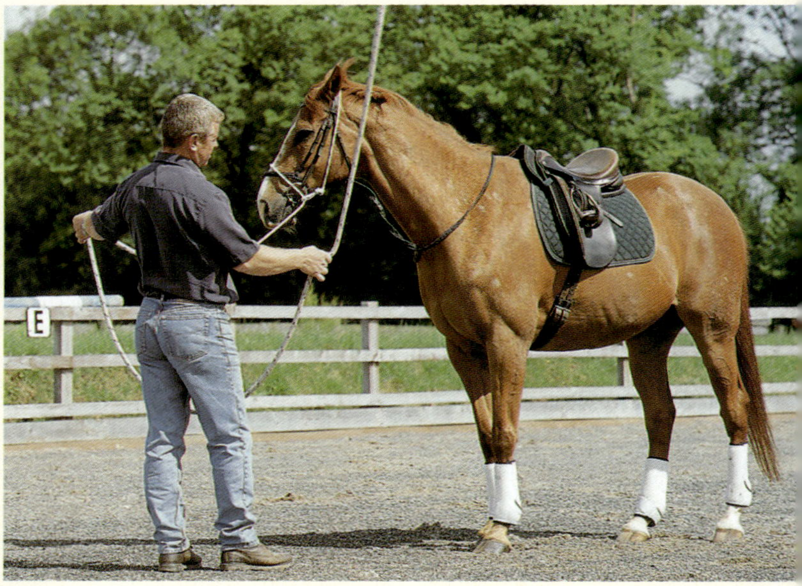

1 Wir beginnen, indem wir das Seil in Richtung Schultern schwingen, bis das Pferd unser Zeichen erkennt und sich von uns wegbewegt, danach erfolgt die Belohnung wie zuvor, indem der Druck gelöst und das Pferd gelobt wird.

2 Versteht das Pferd allmählich, was wir von ihm erwarten, wird das Schwingen des Seils zu einem zu groben Signal. Probieren sie aus, wie fein Sie werden können und immer noch eine Reaktion erhalten. Man strebt an, das Pferd durch feinere und freundlichere Kommandos für seine Mitarbeit zu belohnen, es hat jedoch keinen Zweck, sie so weit herunterzufahren, dass das Pferd uns nur noch ignoriert.

3 Setzen Sie sich das Ziel, dass es ausreicht, einfach auf das Pferd zuzugehen oder auf seine Schulter zu zeigen (rechts), um es zum Wegdrehen zu bewegen.

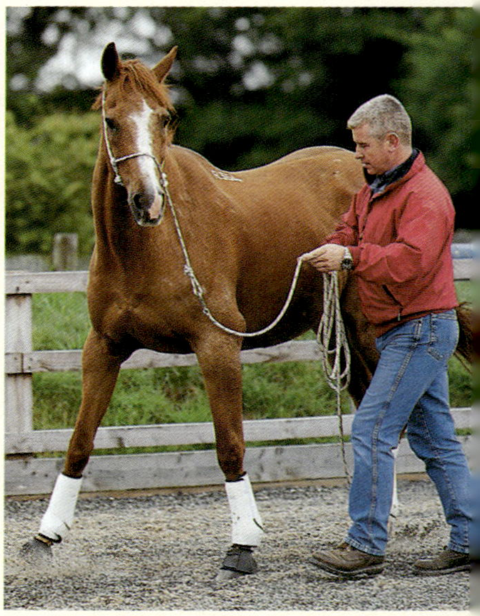

Rückwärtsrichten. Das Rückwärtsrichten des Pferdes vom Boden aus ist eine sehr nützliche Übung, sowohl in physischer als auch in psychologischer Hinsicht. Das gilt insbesondere für ein dominantes oder ungezogenes Pferd. Wenden Sie dasselbe Prinzip von Druck und Nachgeben wie zuvor an, fordern Sie das Pferd auf, einen Schritt zurückzutreten und lösen dann den Druck wieder.

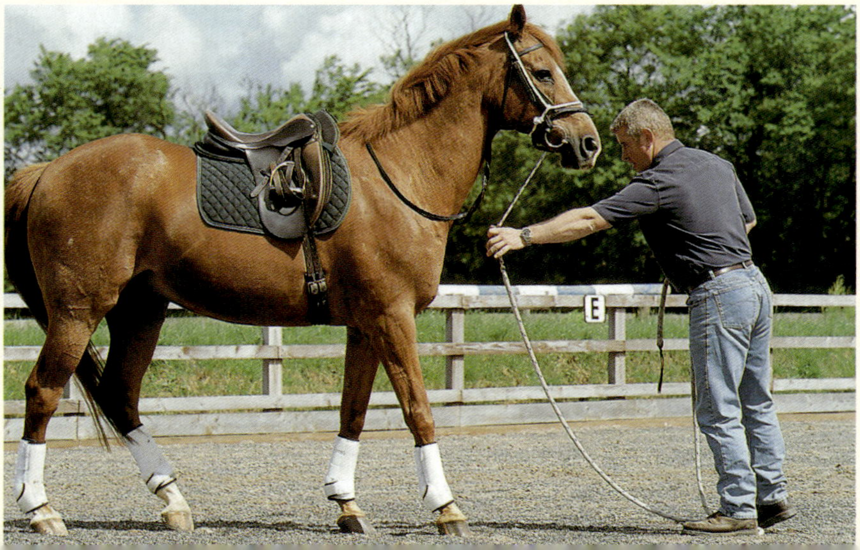

... aufbauend auf dem Grundprinzip von Druck und Entspannung

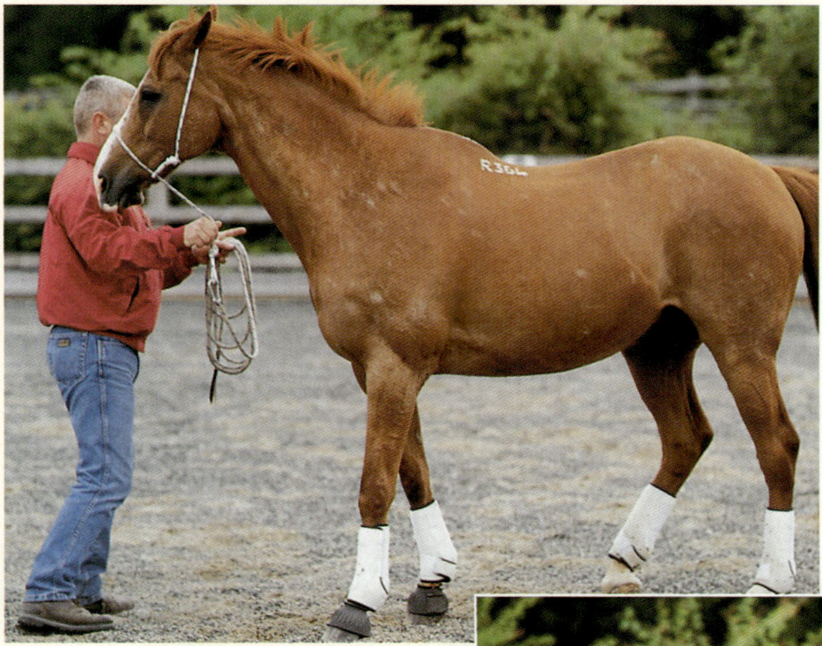

Werden Sie feinfühlig. Kontrollieren Sie Ihre Arbeit immer wieder, indem Sie prüfen, mit wie wenig Sie auskommen müssen, um eine Reaktion vom Pferd zu erreichen. Ziel ist, mit möglichst unmerklichen Zeichen auszukommen. Liest das Pferd unsere Körpersprache, bevor es einen körperlichen Anstoß bekommt, dann haben wir eine höhere Ebene der Kommunikation erreicht.

1 Hier beginne ich mit direktem körperlichem Druck, um Troy zum Rückwärtsgehen zu bewegen.

2 Als Troy allmählich versteht, was ich meine, kann ich den Druck reduzieren, bis überhaupt kein physischer Druck mehr ausgeübt wird, und er am durchhängenden Strick rückwärts tritt. Er tut dies allein als Reaktion auf meine positive Körpersprache, bei der meine Schultern zurückgenommen sind.

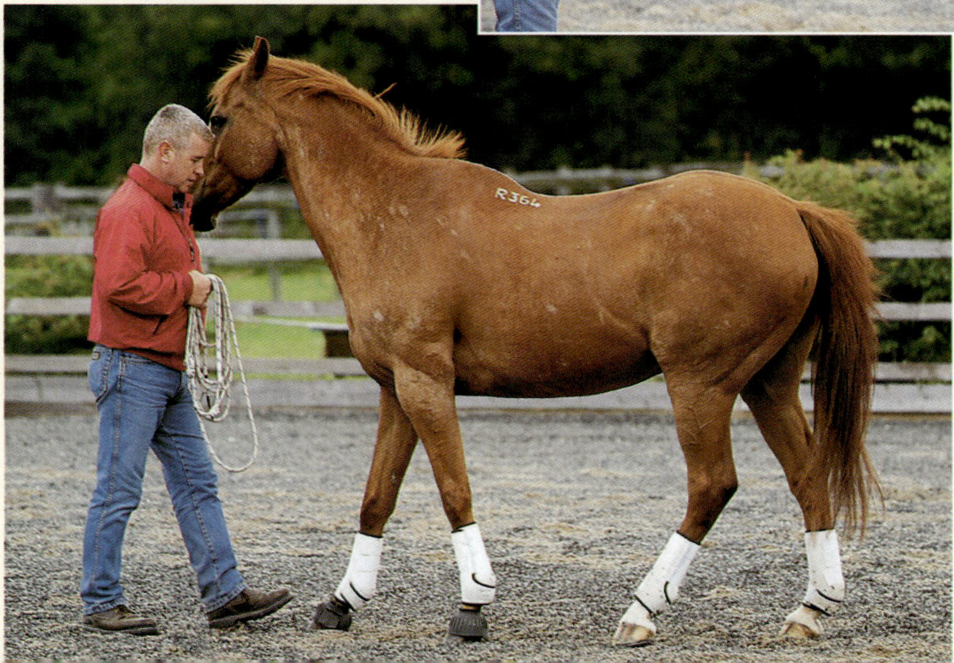

3 Ich mache bewusst energische und gleichmäßige Schritte, was sich in seinen Bewegungen widerspiegelt.

... wir beginnen mit schwierigeren Übungen

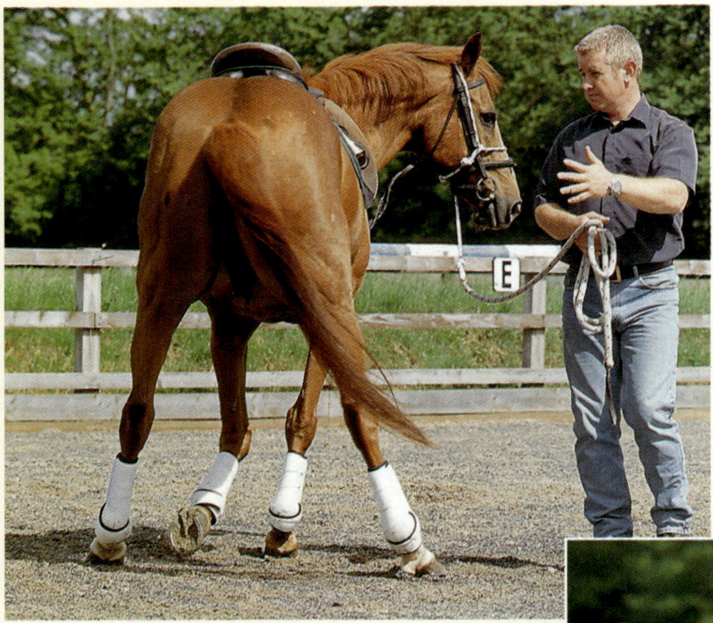

Fortgeschrittene Übungen. Hat man die Grundlagen gelegt und die volle Konzentration des Pferdes erlangt, kann man damit beginnen, seinen Körper auf verschiedene Weise um sich herumzubewegen. Diese Übungen haben einen großen gymnastizierenden Wert, indem sie Kraft und Geschicklichkeit fördern.

1 Mit einem einfachen Handzeichen fordere ich Troy auf, eine Vorhandwendung auszuführen, bei der er die Hinterhand von mir weg bewegt.

2 Das Schulterherein (unten links) wird durch sichtbaren Druck erreicht, indem ich Troy auffordere, vorwärts zu gehen, dabei aber die Kontrolle über seine Schultern behalte.

3 Hier sehen wir eine Hinterhandwendung. Wir machen die Übung auf beiden Seiten, damit Troy genau weiß, was ich will.

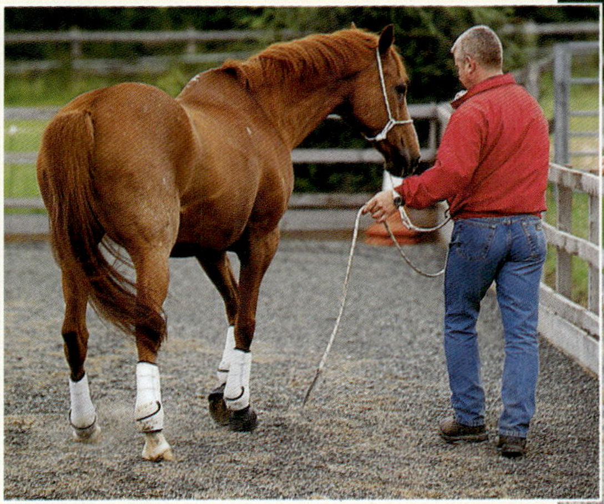

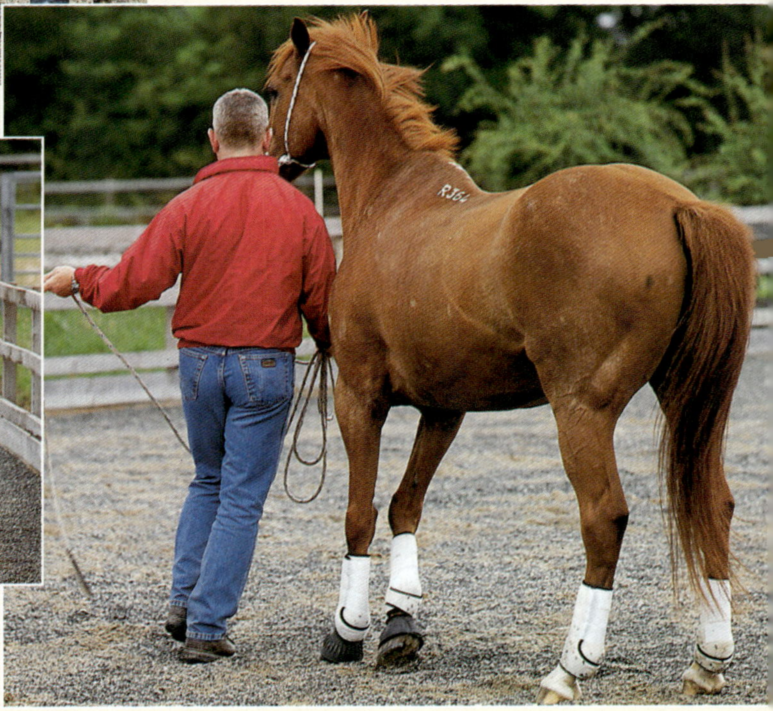

4 Am Ende des Trainings hat Troy wirklich begriffen auf was es ankommt, nämlich jeglichem Druck auszuweichen, in welcher Form auch immer er ausgeübt wird – sei es mittels des Stricks, der Körpersprache des Trainers oder einem Finger auf der Nase oder einer Hand auf dem Gesicht, wie hier im Bild.

... die Vorteile, ein gut erzogenes Pferd zu besitzen

Feinfühlige Hilfen. Hier ist ein Beispiel wie diese Grundübungen basierend auf dem Prinzip von Druck und Nachgeben dazu beitragen, ein gut erzogenes Reitpferd zu bekommen

1 Ich fordere hier das Pferd auf, den Kopf als Reaktion auf den Druck zu senken.

2 Es tut, was ich von ihm möchte. Ich belohne es mit Streicheln und Nachgeben.

3 Nun ist es nur noch ein kleiner Schritt, ihm beizubringen, genauso zu reagieren, wenn es durch das Gebiss Druck im Maul verspürt (s. unten).

4 Es sollte nun die entsprechende Reaktion zeigen, um diesen Druck zu lösen, d.h., den Kopf senken (unten). Was für eine Freude, ein Pferd zu besitzen, das so auf die leisesten Zügelhilfen reagiert!

... wer braucht schon einen Strick?

Es soll Spaß machen. Dieses Training soll nicht zu einem langweiligen Drill werden. Sobald man die Hinterhand des Pferdes mit einem Handzeichen bewegen und seine Schultern kontrollieren kann, und wenn das Pferd auf den leisesten Druck nachgibt, kann man aufbauend auf diese Fähigkeiten die weitere Ausbildung und gymnastische Entwicklung auf vielfältige Weise fördern.

Es gibt keinen Grund, warum ein junges Pferd nicht bereits im Alter von sechs Monaten auch ab und zu eine solche Übung ausführen könnte (rechts). (Siehe Seite 90–91 um mehr darüber zu erfahren, wie man weiterarbeiten sollte und die Arbeit unter dem Sattel mit Hilfe des Druckhalfters vorbereitet.)

Wer braucht schon einen Strick? Denken sie daran, bei der Kommunikation mit dem Pferd gilt, weniger ist mehr; darum sollten Sie auch ohne Strick mit dem Pferd üben, sobald es die Grundlagen begriffen hat.

1 Dieses Pferd folgt mir willig, obwohl es nicht an mich »gebunden« ist. Der Gedanke, dass der angenehmste Platz möglichst nahe bei mir ist, ist so fest bei ihm verankert, dass die Verbindung zwischen uns eher mentaler als physischer Natur ist.

2 Dieser mentale »Strick«, der oft auch als Join-Up bezeichnet wird, ist in den letzten Jahren oftmals als eine Art Kunststück vorgeführt worden. Es ist jedoch nicht Selbstzweck, es soll einfach zeigen, dass sich das Pferd einzig und allein auf mich konzentriert.

3 Hier (kleines Bild) trifft das Pferd vollkommen freiwillig die Entscheidung, mir über den Baumstamm zu folgen.

Tipps für einen guten Anfang

Das Einreiten, Ausbilden oder die Korrektur eines Pferdes erscheint oft als eine riesige Aufgabe. Man muss einen Plan entwerfen, nach dem man Stück für Stück vorgeht, ähnlich wie bei der Vorbereitung auf eine Prüfung oder dem Erlernen einer Fremdsprache. Beginnen Sie mit den Grundlagen, und machen Sie erst dann weiter, wenn das Pferd sicher alles verstanden hat, und Pferd und Reiter die vorangegangenen Aufgaben erfolgreich absolviert haben. Somit legt man eine solide Grundlage.

- Machen Sie einen Plan – für jede Reise benötigt man einen Ausgangspunkt und ein Ziel (wie will man sonst wissen, wie viel man noch vor sich hat, oder ob man vielleicht schon am Ziel angekommen ist) sowie eine gute Karte für den Weg.

- Teilen Sie sich die »Reise« in kleine Etappen ein, die sich mit ihrem Lebensstil, ihrer Zeit und anderen vorgegebenen Bedingungen vereinbaren lassen.

- Kommen Sie einmal nicht mehr weiter, oder es verläuft nicht alles nach Plan, sollten Sie auf die Stufe zurückgehen, bei der alles gut geklappt hat, bevor Sie wieder weitermachen. Beginnen sie jede Trainingseinheit, indem Sie die erfolgreich beendeten Übungen vom letzten Mal wiederholen, bevor sie mit etwas Neuem beginnen.

- Achten Sie darauf, das Pferd nicht zu früh zu belohnen oder zu wenig zu erwarten – das könnte den Fortschritt hemmen. Denken wir beispielsweise an ein schwer zu verladendes Pferd. Es geht beinahe die ganze Rampe hinauf, bleibt dann aber stehen. Der Besitzer gibt ihm ein Leckerli, in der Annahme es würde vollends hineingehen – was dann aber nicht der Fall ist. Vielleicht geht es sogar wieder rückwärts die Rampe hinunter. Belohnen Sie nur das, was im Vergleich zum letzten Mal einen Fortschritt darstellt, das bedeutet das erfolgreiche Absolvieren des für den jeweiligen Tag geplanten Abschnitts, wie klein er auch sein mag.

- Respektieren Sie die Intelligenz und die Persönlichkeit Ihres Pferdes. Obwohl es nicht wissenschaftlich erwiesen ist, sind sich viele Tierpsychologen, Reiter und Ausbilder einig, dass die unartigsten Pferde oftmals auch die intelligentesten und talentiertesten sind! Obwohl sich diese Tiere im Umgang vielleicht als die schwierigsten erweisen, kann man davon ausgehen, dass sie gute Verhaltensweisen schnell lernen oder wieder erlernen. Gleichermaßen muss ein erfolgreicher Trainer auch erkennen, wenn ein Pferd nur langsam lernt.

- Bleiben Sie bei der Sache und lassen Sie es nicht zu, dass das Pferd Sie aus der Fassung bringt oder wütend macht – egal was passiert, denken Sie an die folgenden drei grundsätzlichen Punkte, die Sie ihm vermitteln müssen: Das Ganze tut überhaupt nicht weh (achten Sie darauf, dass das auch wirklich der Fall ist); Widersetzlichkeiten führen nicht zur Beendigung des Trainings (versuchen Sie mit einem Minimum an Korrekturen auszukommen, um die Sicherheit aller zu gewährleisten); Gehorsam führt zu einer Belohnung (was nicht bedeutet, dass Ungehorsam bestraft wird).

Zusammenfassung der wichtigsten Punkte

- Derjenige, der Bewegung und Richtung kontrolliert ist der Chef, also sorgen Sie dafür, dass Sie das sind! Üben Sie, Hinterhand und Schultern des Pferdes vorwärts, rückwärts und seitwärts zu bewegen.

- Achten Sie darauf, dass sich das Pferd voll auf Sie konzentriert, indem die Übungen abwechslungsreich und kurz gehalten werden, wobei die richtige Reaktion ausgiebig belohnt wird. Man hat sicher schon selbst die Erfahrung gemacht, dass Ermutigung und Lob vom Chef sehr motivierend sind, während ein ständiger negativer Rückfluss und das Ignorieren aller Bemühungen einen gegenteiligen Effekt haben!

- Beginnen Sie mit spürbarem Druck und verfeinern sie ihn, bis das Pferd weitgehend auf sichtbare Zeichen reagiert. Feine, leichte Hilfen am Boden, lassen sich auf die Arbeit unter dem Sattel übertragen.

- Es ist absolut wichtig, dass das Pferd richtiges Verhalten mit einer sofortigen Belohnung in Verbindung bringt, d.h. dem Nachgeben des Drucks (in welcher Form auch immer) und zwar in dem Moment, in dem die Reaktion erfolgt, selbst wenn sie nicht so schnell oder ausgeprägt ausfällt, wie man es sich erhofft hat. Fordert man mehr, mäkelt man nur unfair an ihm herum und verwischt die Grenzen zwischen richtig und falsch. Seine Großzügigkeit und seine Motivation, mehr zu geben, wachsen mit dem Verständnis und der Praxis. Das ist der Beginn unseres nächsten Abschnittes, der Bodenarbeit auf Distanz.

2 Bodenarbeit aus der Distanz

Was ist der eigentliche Sinn der Boden-arbeit?

Inzwischen sollte unser Pferd das Prinzip von Druck und Nachgeben verstanden haben, mit unserer Körpersprache vertraut sein und nach und nach eine bessere Koordination und mehr Motivation in seiner Arbeit entwickeln. Nun können wir zwar unser Pferd um uns herumbewegen, wenn wir direkt neben ihm stehen, gelingt das jedoch auch noch aus einiger Entfernung – beispielsweise am Ende einer Longe?

Es gibt zwei Gründe, warum man daran arbeiten sollte, dass das Pferd auch aus gewissem Abstand unseren Kommandos folgen, also auf Distanz lernen sollte. Zum einen kommuniziert man auch beim Reiten eigentlich aus einer Distanz mit dem Pferd. Außerdem ist es ein Zeichen seines Respekts dem Reiter gegenüber und ein Prüfstein dafür, ob es wirklich alles verstanden hat, wenn es unseren Anforderungen Folge leistet, selbst wenn wir es nicht direkt Schritt für Schritt dabei begleiten. Zum anderen ist es notwendig, körperlich und mental etwas in den Hintergrund zu treten, damit das Pferd selbstständig Energie entfalten und unter Beobachtung des Reiters seine Balance finden kann. Mit anderen Worten, damit das Pferd die Selbsthaltung entwickeln kann, die es braucht um ein ausbalanciertes, leicht und sicher an den Hilfen stehendes Reitpferd zu werden, müssen wir uns etwas zurücknehmen, um zu beobachten, was passiert. Wir dürfen nicht die ganze Zeit in unmittelbarer Nähe sein, nur um einen Fehler zu vermeiden; wir würden damit lediglich den Lernprozess aufhalten.

SELBSTHALTUNG – WAS IST DAS, UND WARUM BRAUCHT SIE UNSER PFERD?

Beim Reiten wird der Art und Weise, wie das Pferd Kopf und Hals trägt große Bedeutung beigemessen. Über die Jahre sind Ausdrücke wie »lang und tief«, »aufgerichtet und versammelt« oder »in der Tiefe arbeiten« überstrapaziert, falsch ausgelegt oder falsch verstanden worden. Dadurch haben sie ihre eigentliche Bedeutung verloren. Versuchen Sie statt dessen, sich ein Pferd vorzustellen, das sein eigenes Körpergewicht auf beiden Seiten und in allen Gangarten, mit oder ohne Reiter, perfekt ins Gleichgewicht bringen und kontrollieren kann – das ist Selbsthaltung.

Viele Reiter wissen zwar, was sie erreichen wollen, aber nicht, wie das zu schaffen ist. Die Methoden, dem Pferd Leichtigkeit und Selbsthaltung beizubringen, sind jedoch viel einfacher, als man glaubt; der Schlüssel dazu ist die Bodenarbeit.

Indem wir vom Pferd fordern, dass es sich bei der Arbeit am langen Strick und an der Doppellonge selbst trägt, bereiten wir es körperlich für die Arbeit unter dem Sattel vor, bei der es nicht nur sein eigenes Gewicht, sondern auch das des Reiters tragen muss.

Zuerst wird es diese Aufgabe als schwierig empfinden, erliegen Sie jedoch nicht der Versuchung, Hilfszügel einzuschnallen, obwohl es damit zweifellos sofort gefälliger aussehen wird – das ist eine Illusion! Sobald der Hilfszügel entfernt wird, wird es dieselbe Haltung wie zuvor einnehmen. Statt dessen müssen wir daran arbeiten, solide und dauerhafte Grundlagen zu schaffen, die es dem Pferd ermöglichen, leicht in der Hand, aktiv und ausbalanciert vorwärts zu gehen, auch mit dem zusätzlichen Gewicht des Reiters. Das Resultat? Ein »Engelskreis« – das Pferd fühlt sich körperlich wohl und imstande, unseren Anforderungen zu folgen. Es hat gelernt, sofort auf den leisesten Druck zu reagieren, so dass der Reiter mit den kleinsten Hilfen auskommt und das Reiten, ohne das Pferd zu stören genießen kann. Für mich liegt hierin die eigentliche Bedeutung des »Dressurreitens«.

WAS SPIELT DAS DRESSURREITEN FÜR EINE ROLLE?

Das Dressurreiten ist zwar auch Leistungssport, in erster Linie ist es jedoch ein gymnastizierendes Training mit Lektionen, die dem Pferd beibringen sollen, seinen Körper korrekt einzusetzen, um seine Arbeit effizienter ausführen zu können und den Eindruck von Harmonie und Leichtigkeit zwischen Pferd und Reiter zu vermitteln. Neben diesen körperlichen Zielen soll durch das Dressurreiten auch das Verständnis und die Partnerschaft zwischen Pferd und Reiter gefördert werden; um ein guter Reiter zu werden bedarf es Zeit und Geduld.

Egal, auf welchem Niveau man reitet, das Dressurreiten ist im Wesentlichen ein Prüfstein, wie gut sich das Pferd selbst trägt, was auch als seine »Art sich zu bewegen« bezeichnet wird. Setzt das Pferd seinen Körper auf eine biomechanisch effiziente Art ein, die seinem Ausbildungsstand entspricht, bewegt es sich in einem guten Rahmen. Es spielt eigentlich keine Rolle, ob das der längere, tiefere Rahmen eines Pferdes ist, das noch dabei ist, zu lernen, wie es sich besser trägt, oder der höhere, versammeltere Rahmen eines weiter ausgebildeten Pferdes, das schon ein jahrelanges Training hinter sich hat.

Diese Bandbreite steht für Beginn und Ende unseres langen und komplexen Streifzuges durch die Pferdeausbildung. Die verschiedenen Körperhaltungen, die unser Pferd auf dieser Strecke einnimmt, spiegeln den jeweils erlangten Stand wieder.

Wie bewegt sich das Pferd?

Bevor wir erwarten, dass sich das Pferd in Selbsthaltung bewegt (siehe Seite 56–57) müssen wir verstehen, wie das Pferd seinen Körper einsetzt. So erkennen wir seine Möglichkeiten und können herausfinden, welche Übungen zum Erlernen gewisser Dinge hilfreich oder eher hinderlich sind.

Ist das Pferd auf ENERGIESPAREN eingestellt, klebt es am Boden, lässt sich nur schwer wenden oder durchparieren; es ist unbequem zu sitzen und neigt zum Stolpern. Bewegt sich das Pferd auf EXTRAVAGANTE Art, dann ist es leicht in der Hand und reagiert sofort auf die Hilfen, es tanzt buchstäblich wunderschön im Gleichgewicht durch die Bahn.

Das Pferd bewegt sich auf zwei verschiedene Arten – entweder mit gebremster Energie, was es über die Jahrtausende gelernt hat, in denen es auf der Suche nach Futter mit einem Minimum an Energieverbrauch riesige Distanzen zurücklegen musste. Oder es bewegt sich überschwänglich, wenn es sich mit dem höchsten Maß an Aufrichtung und Kraftaufwand zur Schau stellt und dabei sehr wenig Boden gut macht. Anders ausgedrückt, es gibt eine Darstellungsform für den Alltag und eine, die es nur bei besonderen Anlässen zeigt! In unsere Reiterei werden die gleichen Gegensätze einfließen, je nachdem, auf welche Weise sich das Pferd gerade präsentiert.

Ist das Pferd auf Energiesparen eingestellt, klebt es am Boden, lässt sich nur schwer wenden oder durchparieren; es ist unbequem zu sitzen und neigt zum Stolpern. Stolpern ist immer ein Anzeichen für ein unausbalanciertes Pferd, egal ob mit oder ohne Reiter. Ein unausbalanciertes Pferd stützt sich immer auf den Reiter, fehlt diese Stütze, wird es sehr unbequem, ja sogar gefährlich zu reiten, da ihm sein »fünftes Bein« fehlt. Als Reiter merkt man, ob ein Pferd daran gewöhnt ist, »gestützt zu werden«, wenn es schwer auf der Hand liegt. (Wir werden uns mit diesem Thema noch genauer im Kapitel »Arbeit unter dem Sattel«, Seite 82–113 beschäftigen, siehe außerdem auch Seite 129).

In seiner extravaganten Haltung ist es sehr leichtfüßig, steht gut an den Hilfen und bewegt sich tänzerisch durch die Bahn. Die Muskeln sind angespannt, um sein Gewicht zu tragen, wodurch das Knochengerüst entlastet wird und Erschütterungen auf die Gliedmaßen gedämpft werden. Schaffen wir es, dass sich das Pferd regelmäßig auf diese Weise selbst trägt, wird es ihm mit der Zeit auch leichter fallen, diesen Zustand beizubehalten. Es wirkt sich positiv auf seine Gesundheit aus, ist schöner anzusehen und macht beim Reiten mehr Freude. Das ist das Ziel unserer Ausbildung, es ist nicht nur zu unserem Vorteil, sondern dient genauso der Gesundheit unseres Pferdes.

GYMNASTIZIERENDE ARBEIT

Ein Pferd zu gymnastizieren bedeutet die Umwandlung seiner Bewegungen vom energiesparenden zum extravaganten Modus, oder um einen gebräuchlicheren Ausdruck zu verwen-

Es macht große Freude, ein Pferd zu reiten, das sich in extravaganter Weise perfekt im Gleichgewicht bewegt.

EIN AUSBALANCIERTES PFERD

Durch die Arbeit an der Doppellonge lernt das Pferd, den Abstand zwischen Widerrist und Genick zu verlängern und sein Gleichgewicht zu finden, indem es sich selbst trägt.

den – seine Fähigkeit zur Versammlung zu fördern. Es gibt viele Schnellverfahren, mit denen man erreichen kann, dass das Pferd die Nase vor die Brust nimmt. Dadurch entsteht für diejenigen, die hauptsächlich auf die Haltung von Kopf und Hals fixiert sind, der Eindruck, dass es »gut am Zügel geht«. Viele Reiter haben jedoch vergessen oder nie gelernt, dass das Zusammenziehen des Pferdes nicht zur Selbsthaltung führt. Um was wir uns bemühen sollten, ist ein Längerwerden des Abstandes zwischen Widerrist und Genick, nicht eine Verkürzung des Abstandes zwischen Kinn und Brust. Ein ausbalanciertes Pferd wird sich von Natur aus auf diese Weise bewegen. Hier spielt die Arbeit an der Doppellonge eine so wichtige Rolle, da es ihm hilft, sich in diesem Rahmen und somit in Selbsthaltung vorwärts zu bewegen.

Egal wie man bei der Gymnastizierung vorgeht, stets sollte das Ziel sein, das Pferd dazu anzuregen, die richtige Haltung einzunehmen und ihm dadurch zu helfen, Selbsthaltung zu entwickeln und seine körperliche Fähigkeit zu fördern, dies auch über einen längeren Zeitraum einzuhalten. Richtige Muskelanspannung und eine gute Balance sind Ursache und Wirkung zugleich: Spannt das Pferd die richtigen Muskeln an, wird es sich auch gut im Gleichgewicht bewegen. Das gilt auch umgekehrt.

KÖRPERHALTUNG IN DER AUSBILDUNG

Ein wirklich talentiertes Pferd hat, neben anderen Qualitäten, von Natur aus die Tendenz die richtige »Muskelgruppe« einzusetzen und sich korrekt zu bewegen. Den meisten Pferden

Schiefes Pferd

Troy hat gelernt, sich schief zu bewegen. Diese Methode des Sich-Entziehens hat er bereits in jungen Jahren entwickelt, um den an ihn gestellten Anforderungen gerecht zu werden. Und doch kann er, auch im fortgeschrittenen Alter, durchaus noch lernen, sich selbst zu tragen, was zu einer wesentlichen Verbesserung seiner Bewegungen führen wird.

muss dies erst beigebracht werden. (Mit der »Muskelgruppe« sind diejenigen Muskeln gemeint, die über das Genick, den Rücken, über die Hinterbeine, unter dem Bauch und wieder zurück über die Vorderbeine zur Kehle verlaufen. Diese Muskeln müssen gezielt aktiviert werden, wenn das Pferd auf der Vorhand leicht werden, den Rücken aufwölben, die Bauchmuskeln zusammenziehen und die Hinterhand senken soll.)

Muskeln haben ein »Gedächtnis«; das bedeutet, es werden unbewusst immer wieder dieselben Muskelgruppen beansprucht. Sind das die Falschen, haben Sie (oder Ihr Pferd) eine schlechte Angewohnheit angenommen. Das zeigt sich eventuell, indem das Pferd auseinander fällt und den Rücken wegdrückt oder einseitig ist. Anzeichen für fehlende Balance sind Taktfehler und die Tendenz, nach links oder rechts auszufallen. Glücklicherweise ist es durchaus möglich, mit Übung und Konzentration das Muskelgedächtnis neu auf die richtigen Muskeln umzuprogrammieren. Ähnlich wie wir daran erinnert werden, die Schultern zurückzunehmen und aufrecht zu sitzen, müssen wir das Pferd ständig sanft dazu anhalten, die korrekten Muskeln einzusetzen und sich allmählich an die neue Haltung zu gewöhnen.

Indem wir den Takt regulieren und verhindern, dass das Pferd auf dem Zirkel oder gerader Linie nach innen oder außen fällt, schaffen wir die erste Voraussetzung für die Selbsthaltung. Gelingt es uns außerdem, das Pferd zum energischen Vorwärtsgehen zu aktivieren, ohne dabei wegzulaufen, dann haben wir die zweite Voraussetzung geschaffen – die Schubkraft. Können wir ihm schließlich noch beibringen, das Gebiss so anzunehmen, dass dabei das Nackenband, das über das Genick verläuft, gedehnt wird und sich die Muskeln unterhalb des Halses bis zur Bauchmuskulatur zusammenziehen, wodurch sich der Rücken aufwölbt, dann haben wir die dritte Voraussetzung geschaffen. Dieser Mechanismus ergibt sich allmählich auf ganz natürliche Weise.

Mit Hilfe der Bodenarbeit bereiten wir das Pferd körperlich und mental darauf vor, die oben genannten Aufgaben auszuführen. Später können wir diese Lektionen dann auf die Arbeit unter dem Sattel (siehe Seite 82–113) übertragen.

BEKOMMEN SIE EIN GEFÜHL DAFÜR

Stellen Sie sich vor, Sie lassen ein Kind zum Spaß auf sich reiten. Was passiert, wenn Sie ein Hohlkreuz machen? Sie werden sich wahrscheinlich den Hals verrenken und Ihr Gesicht zeigt nach oben. Sie könnten den Kopf mit Gewalt wieder nach unten nehmen, dabei das Hohlkreuz beibehalten, was jedoch nur sehr schwer möglich wäre, während Sie gleichzeitig Kiefer- und Halsmuskulatur anspannen würden. Dabei hätten Sie wahrscheinlich das Gefühl, Ihre »Hinterhand« würde nach hinten weggeschoben. Wollten Sie nun das Knie nach vorne unter den Bauchnabel bringen (beim Pferd nennen wir das »untertreten«), wäre das körperlich kaum möglich. Und wie fühlt sich das Gewicht des Kindes auf Ihrem Rücken an? Wahrscheinlich äußerst unbequem, wie wenn Sie kurz davor wären, sich einen Wirbel auszurenken! Wölben Sie nun den Rücken auf, um das Gewicht des Kindes aufzufangen. Sie werden merken, dass Sie dazu die Bauch- und nicht die Rückenmuskulatur anspannen müssen. Und was passiert mit Kopf und Hals? Sie senken sich automatisch und folgen der Kurve der Wirbelsäule, dabei wird auch unsere »Hinterhand« auf natürliche und unverkrampfte Weise unter unseren Körper geschoben. Jetzt kann das Kind relativ heftig auf uns herumhüpfen, ohne dass es zu unbequem für uns wird.

Denken Sie daran, wenn Sie Ihr Pferd das nächste Mal reiten – hilft man dem Pferd, die korrekte Selbsthaltung zu entwickeln, anstatt es in eine bestimmte Haltung zu zwingen, wird es den Rücken aufwölben und Kopf und Hals senken. Die Hinterhand kann ohne »Hilfe« (starke Schenkel- oder Zügelhilfen) des Reiters untertreten und Gewicht aufnehmen.

WIE FUNKTIONIERT DIE MUSKULATUR?

Die verschiedenen Muskelfasern haben unterschiedliche Eigenschaften. Manche Muskeln (verantwortlich für die Körperhaltung) sind dazu da, eine bestimmte Haltung ohne zu ermüden über einen längeren Zeitraum einzuhalten, andere (lokomotorische) sorgen für kurzfristige schnelle Bewegungen. Um sich den ganzen Tag in aufrechter Haltung zu bewegen, ohne dabei bewusst die Rückenmuskulatur anzuspannen, sind andere Muskeln gefordert als beispielsweise zum Heben schwerer Säcke, was nur für einen begrenzten Zeitraum ohne Pause möglich ist.

Ein untrainiertes Pferd setzt beim Reiten vor allem seine lokomotorischen Muskeln ein. Diese ermüden schnell und es kann zu Schmerzen kommen. Durch die Gymnastizierung wollen wir erreichen, dass die von Natur aus für die Körperhaltung zuständigen Muskeln ihre ursprüngliche Aufgabe auch erfüllen können, und die lokomotorischen Muskeln ihren wichtigsten Funktionen – uneingeschränkte Bewegungen auszuführen – auch nachkommen können.

Das Pferd zeigt uns durch sein Verhalten seine körperlichen Grenzen auf – wird ihm »langweilig«, widersetzt es sich oder lässt seine Konzentration nach einer Viertelstunde nach, liegt das wahrscheinlich daran, dass es an seine körperlichen Grenzen gestoßen ist und sein Wohlbefinden gestört ist.

EIN KORREKTER RAHMEN

- *hilft dem Pferd, seinen Reiter auf die effizienteste und bequemste Weise zu tragen.*
- *hängt vom Alter und Ausbildungsstand des Pferdes ab.*
- *ist das Ergebnis einer ganzen Reihe von Dingen, angefangen vom Aufwölben des Rückens, was automatisch zu einem runden Hals und einem gesenkten Kopf führt.*
- *bringt die Wirbelsäule in die richtige Lage, um Bewegung und Biegung zu ermöglichen.*
- *ermöglicht es dem Pferd, sein Körpergewicht auf die Hinterhand zu verlagern (was auch als »Versammlung« bezeichnet wird).*
- *ist notwendig für Wohlbefinden, Gleichgewicht, Schwung und Gymnastizierung des Pferdes, was wiederum die Erhaltung und Verbesserung der Reinheit der Gänge zur Folge hat.*
- *(Little Pelo hat gelernt, sich ohne den Einsatz von Hilfszügeln, ja selbst ohne Trense, in einem korrekten Rahmen zu bewegen.)*

EIN SCHLECHTER RAHMEN

- *führt zu körperlichem Unbehagen.*
- *stört das Gleichgewicht, den Schwung und die korrekte körperliche Entwicklung (was zu Problemen wie Kreuzgalopp, falschem Angaloppieren, einer Vorliebe für eine bestimmte Trabdiagonale, usw. führt).*
- *führt zu unkorrekten oder unregelmäßigen Bewegungen, die dem Muskel- und Knochenaufbau des Pferdes schaden. Korrekte Bewegungen haben einen therapeutischen, stärkenden und fördernden Effekt. Darum sind wir es dem Pferd schuldig, seine Selbsthaltung zu fördern, egal, ob wir Dressur als Leistungssport betreiben wollen oder nicht; denn auf diese Weise wird es länger gesund bleiben.*
- *kann durchaus gefällig aussehen! »Zupfen« wir das Pferd in eine hübsch anzusehende Haltung, ist das in etwa, wie wenn man ein Haus auf einer unsoliden Grundlage baut. Man tut ihm aus den oben erwähnten Gründen langfristig keinen Gefallen damit. Das Pferd ist hierbei oft ein williger Verbündeter, da unkorrektes Arbeiten anfangs oftmals weniger anstrengend ist. Man wird Ihnen beiden aber auf jeden Fall auf die Schliche kommen!*
- *(Obwohl Troys Rahmen noch nicht perfekt ist, so ist doch eine deutliche Verbesserung zu den Anfängen festzustellen.)*

Die Entwicklung der Selbsthaltung

Wie können wir nun unserem Pferd das Leben erleichtern, indem es, noch bevor wir aufsitzen, die richtige Muskulatur einsetzt und sich selbst tragen lernt? Mit der Arbeit am langen Strick und an der Doppellonge.

LONGIEREN AM LANGEN STRICK

Das Longieren am langen Strick unterscheidet sich vom normalen Longieren durch seine größere Wechselwirkung; Geist und Körper des Pferdes werden gleichermaßen angeregt. Beim Umkreisen wechseln wir ständig zwischen Wegschicken und Heranholen des Pferdes, wobei es stets auf den Menschen konzentriert sein muss. Beim Longieren schickt man das Pferd auf die Zirkellinie, auf der es dann bleibt; es ist im Allgemeinen zu sehr von der Peitsche abhängig, entweder es stumpft ab oder reagiert über Gebühr. Ein weiterer großer Vorteil der Arbeit am langen Strick besteht darin, dass Richtungswechsel problemlos möglich sind.

Der Richtungswechsel am langen Strick ist ein hervorragendes Kriterium, um herauszufinden, wie gut das Pferd auf uns hört. Weil es gelernt hat, seine Hinterhand vom Druck wegzubewegen und sich dem Menschen als Reaktion auf eine Geste in Richtung Hinterhand zuzuwenden, ist es nun in der idealen Position, das Zeichen aufzunehmen, mit dem ihm der Mensch die gewünschte neue Richtung andeutet. Es sollte ausreichen, mit ausgestrecktem Arm in die gewünschte Richtung zu zeigen; falls nötig, kann diese Hilfe noch mit einer kreisenden Bewegung des Seils in Richtung Schultern unterstrichen werden.

Wenn man am langen Strick auf dem Zirkel arbeitet, sollte man häufige Hand- und Tempowechsel vornehmen, um die Aufmerksamkeit des Pferdes zu erhalten und um Gleichgewicht und Koordination zu verbessern.

TIPPS FÜR DAS TRAINING

- *Sobald Sie das Pferd aufgefordert haben, sich von Ihnen wegzubewegen und am Strick auf der Kreislinie zu gehen, muss es bis zum nächsten Kommando damit fortfahren. Anfänglich wird es wahrscheinlich jedes Mal aufhören, wenn der Druck nachlässt, versuchen Sie es jedoch nicht durch konstanten Druck daran zu hindern. Der Lernprozess wird durch das Korrigieren von bewusst zugelassenen Fehlern in Gang gesetzt. Also fordern wir das Pferd in aller Ruhe auf, weiterzuarbeiten, wenn es mit der gestellten Aufgabe, wie beispielsweise um uns herumzutraben, aufhören will. Allmählich werden immer weniger Korrekturen erforderlich sein, und das Pferd wird Ihnen schon zuvorkommen und seinen Fehler selbst korrigieren!*
- *Bewahren Sie den guten Willen des Pferdes, indem Sie nicht zu viel verlangen. Sorgen Sie dafür, dass es ein Erfolgserlebnis hat und sich wohl fühlt. So erhalten Sie ein motiviertes und zufriedenes Tier.*

LONGIEREN AM LANGEN STRICK

Erklären Sie dem Pferd das Prinzip. Bevor man beginnt, muss man sich vergewissern, dass das Pferd das Prinzip von Druck und Nachgeben (siehe Seite 44–52) verstanden hat, indem man die Reaktion auf den Druck durch das Halfter überprüft. Diese Stute zeigt zunächst eine Überreaktion, begreift dann aber schnell, was ich von ihr will.

1 Die erste Übung dient aus den bereits genannten Gründen im Wesentlichen der Kontrolle von Richtung und Bewegung – der Mensch soll sich als Entscheidungsträger der »Herde« etablieren und Aufmerksamkeit und Respekt des Pferdes erlangen. Ich mache es diesem Pferd einfacher, meinen Wunsch zu erkennen, indem ich die Hinterhand mit einer kreisenden Bewegung des Seils von mir wegbewege (siehe unten), wodurch sich der Kopf automatisch mir zuwendet und die Belohnung erfolgen kann.

2 Es dauert nur wenige Minuten, bis mir die Stute ihre volle Aufmerksamkeit schenkt (siehe unten). Sehen Sie, wie sie mit dem linken Ohr mein Kommando aufnimmt, in diese Richtung zu gehen. Ich zeige ihr durch visuellen Druck, was ich von ihr möchte, indem ich das Seil zur rechten Schulter hinschwinge (falls sie darauf nicht reagiert, kann ich das noch mit spürbarem Druck durch Berührung der Schulter mit dem Seilende unterstreichen). So zeige ich ihr, dass die »Tür« zur linken Seite hin offen steht.

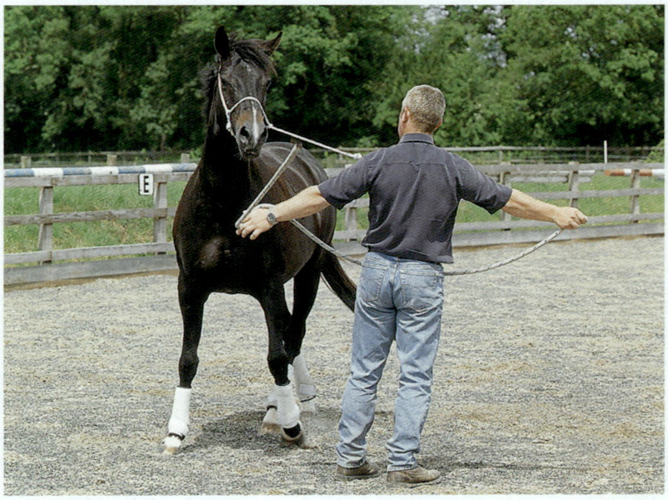

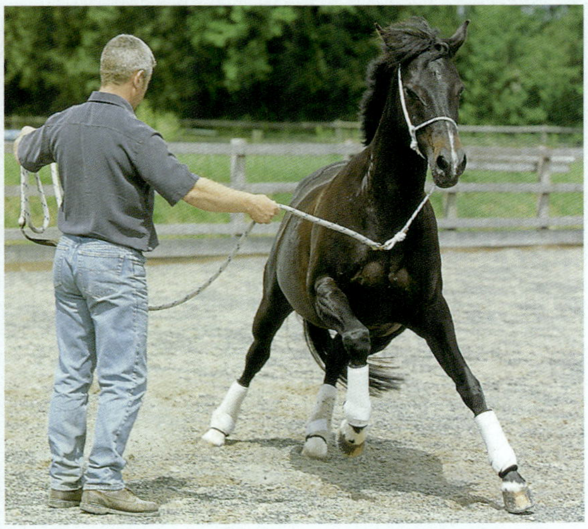

3 Nun gut, wir sehen hier nochmals eine Überreaktion (links). Wenigstens beweist das, dass die Stute mich sehr genau beobachtet und bereit ist, auf das leiseste Kommando zu reagieren. Da ich ruhig bleibe und sie für ihr Verhalten weder strafe noch belohne, wird sie bald feststellen, dass sie die Einzige ist, die sich hier anstrengt und sich das Leben selbst unnötig schwer macht! Das ist eine einfache Form des Sich-Entziehens, mit der sie nicht durchkommt.

... wie man dem Pferd die Grundlagen beibringt

4 Nachdem ich mich davon überzeugt habe, dass die Stute das Prinzip von Druck und Nachgeben verstanden hat, übe ich Druck mit dem Seil aus, um ihren Kopf in meine Richtung zu bringen, wodurch die Hinterhand automatisch nach außen kommt. Vergleichen Sie das mit der wilden Vorstellung im ersten Bild (links). Die Stute ist jetzt wesentlich gehorsamer und ganz auf mich konzentriert. Obwohl ich ein paar Meter von ihr entfernt bin, achtet sie darauf, dass sich das Seil nicht spannt, während sie auf das nächste Kommando wartet. Beachten Sie, dass ich sie auf mich zukommen lasse, wenn ich sie loben will, indem ich das Seil verkürze und nicht selbst auf sie zugehe.

5 Die Stute ist nun insgesamt ruhiger und hat schnell gelernt, dass Weglaufen ihr keinen Vorteil bringt. Man beachte, dass das Seil locker durchhängt. Pferde stellen sich schnell darauf ein, den Druck am Halfter zu vermeiden, so dass man sie letztendlich nur noch mit den Fingerspitzen um sich kreisen lassen kann. So prägen sie sich ein, sich selbst auszubalancieren und auf Distanz zu gehorchen. Diese Stute lernt, sich nicht auf die Hand zu legen, was ihr auch später bei der Arbeit unter dem Sattel zugute kommen wird.

6 Wie man sieht, trägt die Stute mir nichts nach! Sie hat die Lektion insoweit gelernt, dass sie am Ende dieser ca. 15-minütigen Trainingseinheit ihr »Recht auf Flucht« nicht in Anspruch nimmt und auch ohne Strick akzeptiert, dass ich Bewegung und Richtung bestimme. Dies wird auch als Join-Up bezeichnet und ist ein Zeichen dafür, dass man die volle Aufmerksamkeit und den Respekt des Pferdes hat und darauf aufbauen kann. Es ist jedoch kein Selbstzweck, und die Welt geht auch nicht unter, wenn es nicht zustande kommt!

LONGIEREN AM LANGEN STRICK (Fortsetzung)

Die verschiedenen Bilder auf dieser Seite und auf den Seiten 58–69 sollen wiedergeben, wie das Longieren am langen Strick weiterentwickelt werden kann, um die eigenen Fähigkeiten dahingehend zu überprüfen, ob man Konzentration, Respekt und Gehorsam des Pferdes auch noch aus einer immer größer werdenden Distanz gewährleisten kann. Es ist auch aus psychologischer Sicht eine wichtige Erfahrung für den Menschen, weil die meisten von uns nur ungern loslassen und dazu neigen, die Pferde, schon in Erwartung einer Unart, zu stark festhalten zu wollen. (Als wenn wir auch nur die geringste Chance hätten, sie physisch zurückhalten zu können.) Selbst beim Hereinführen von der Koppel halten wir oft mit aller Kraft den Strick fest. Lösen Sie einfach einmal den Führstrick und Sie werden erstaunt sein, dass gar nichts passiert, außer dass das Pferd erleichtert den Kopf fallen lässt und entspannt neben Ihnen hergeht! Ist das nicht der Fall, haben Sie das Problem bis jetzt sowieso nur ignoriert; erst, wenn wir es erkennen, können wir nach einer Lösung suchen. Durch diese Übungen soll das Vertrauen aufgebaut werden, loszulassen und zu erkennen, dass Probleme nicht durch Kraft gelöst werden können. Stellen Sie sich den Gewinn (und die Erleichterung Ihres Pferdes) vor, wenn Sie auch beim Reiten »Abstand halten« können! Überlegen Sie einmal ehrlich, wie viele Male pro Minute Sie beim Reiten versucht wären, die Zügel zu ergreifen oder wenigstens daran zu »zupfen«, wenn Sie sie verknotet hätten und die Arme herunterhängen ließen, anstatt nach subtileren Formen der Kommunikation zu suchen? Es lohnt sich, diese Übung einmal auf einem zuverlässigen Pferd in einem sicherend Umfeld auszuprobieren – Ich bin davon überzeugt, Sie werden entsetzt sein, wie sehr Sie das Pferd mit den Händen kontrollieren wollen. Wie kann Ihr Pferd lernen, auf ein Flüstern zu reagieren, wenn Sie immer nur schreien?

Die meisten von uns neigen dazu, die Pferde mit Kraft zu beherrschen, selbst wenn wir sie einfach nur von der Koppel hereinholen wollen. Lösen Sie einfach einmal den Führstrick, und Sie werden erstaunt sein, dass gar nichts passiert, außer dass das Pferd erleichtert den Kopf fallen lässt und entspannt neben Ihnen hergeht!

AUCH DAS SEIL ÜBT ZUG AUS

Ein praktischer Punkt ist noch zu beachten; wenn wir den Abstand zum Pferd immer weiter vergrößern, ist es sehr wichtig, ein leichteres Seil zu verwenden, damit kein unangemessener Druck auf das Halfter ausgeübt wird und das Pferd demotiviert. Allein das Gewicht des Seils kann ausreichen, um einen »Zug« und somit Druck über das Halfter auf ein an diese Methode gewöhntes Pferd, auszuüben. Um das zu verhindern, verwende ich bei den längeren Seilen, die ich bei den größeren Distanzen benutze, ein dünneres und leichteres Seil.

... Vergrößern der Distanz

Wiederholung der Grundregeln. Das ist mein eigenes Pferd Little Pelo. Selbst mit einem so erfahrenen Pferd, wie er es ist, verbringe ich immer die ersten Minuten des Trainings damit, die Grundlagen der Bodenarbeit zu überprüfen. Man muss keine Ewigkeit damit verbringen, bereits Erlerntes zu wiederholen – dies soll eine schnelle, stimulierende und verbraucherfreundliche Methode sein, wie Sie mit dem Pferd arbeiten können! Ich wiederhole nur kurz das Prinzip von Druck und Nachgeben, indem ich das Pferd nach vorne (unten links), rückwärts (links), nach links und nach rechts (unten) gehen lasse, um es daran zu erinnern, dass ich es bin, der Bewegung und Richtung kontrolliert und um ihm zu zeigen, worauf das heutige Training aufbaut.

LONGIEREN AM LANGEN STRICK (Fortsetzung)

Geh nach außen! All diese Übungen sollten uns inzwischen vertraut sein.

1 Wir arbeiten nun mit einem 15 m langen Seil, die Methode ist jedoch immer dieselbe, und Pelo versteht genau, was er zu tun hat.

2 Ich wende sichtbaren Druck an, um Pelo zur Seite zu bewegen und ihn anzuhalten. Das ist kein Kunststück, sondern ein Test zur Überprüfung von Disziplin, Aufmerksamkeit und Respekt.

3–5 Die Bildfolge unten zeigt, wie ich Pelo aus der Distanz anhalten und wenden lasse. Meine linke Hand ist auf seine Hinterhand gerichtet, sie übt so sichbaren Druck aus. Wir wissen beide, dass ich zu weit weg bin, um mein Kommando mit spürbarem Druck zu unterstreichen, sollte er mich ignorieren. Die Grundlagen seiner bisherigen Ausbildung sind jedoch gut gefestigt, und er wendet mir den Kopf zu, während seine Hinterhand nach außen dreht; nun wartet er auf das nächste sichtbare Zeichen.

6 Nicht nur Pferde möchten sich im »Wohlfühlbereich« aufhalten – das gilt auch für Reiter und diejenigen, die mit den Pferden umgehen! Denken Sie sich immer wieder etwas Neues für Ihr Pferd aus (siehe oben). Solange es seine physischen und psychischen Fähigkeiten nicht überschreitet, wird es Spaß daran haben. Nachdem wir das Anhalten und Wenden aus der Distanz geübt haben, führe ich Pelo an einen kleinen Baumstamm mit anschließendem Tiefsprung heran, was er problemlos überwindet, obwohl ich einige Meter von ihm entfernt bin.

Druck kann von überall herkommen

Rufen wir uns kurz noch einmal den eigentlichen Sinn dieser Übungen ins Gedächtnis. Abgesehen davon, dass wir durch sie die Ausbildung unseres Pferdes lockerer und abwechslungsreicher gestalten, seinen Respekt und seine Aufmerksamkeit erlangen sowie die körperliche Geschicklichkeit von Pferd und Mensch verbessern können, sollen sie auch dazu beitragen, unsere reiterlichen Fähigkeiten zu verbessern. Inzwischen sollte eine unverkennbar gute Beziehung zwischen Mensch und Pferd entstanden sein, und Sie können hoffentlich auch erkennen, wie die Bodenarbeit der Arbeit unter dem Sattel zugute kommen wird.

Da man sich beim Reiten nur teilweise im Blickfeld des Pferdes befindet, wird man hauptsächlich spürbaren Druck anstelle von sichtbarem Druck ausüben, der jedoch so fein wie möglich ausfallen sollte.

Das Wichtigste, was im Kopf des Pferdes immer wieder neu verankert werden muss, ist, dass es auf Druck nachgeben muss, egal, in welcher Form er auch ausgeübt wird.

Sei es eine Berührung mit der Fingerspitze, einem Strick, Zügel, Absatz oder Sporn, das Pferd muss darauf reagieren, indem es die Schultern, Hinterhand, Kopf, Hals, oder was auch immer, davon wegbewegt.

SANFTES FÜHREN

Warum immer mit einem Halfter führen? Ein Pferd, das auf Druck nachgibt, sollte man mit allem führen können – mit einem um den Hals gewickelten Bindfaden, einer Hand in der Mähne – oder mit gar nichts (s. oben).

ZÜGELKONTAKT

Ahmt man bei der Bodenarbeit den Zügelkontakt nach (oben), sollte sich das Pferd davon wegbewegen.

ABWECHSLUNG TUT GUT

Warum immer nur ein Druckhalfter für die Arbeit am langen Strick verwenden? Das Pferd sollte in gleicher Weise auf den Druck um den Hals reagieren (rechts). (Aus Sicherheitsgründen ist der Strick so verknotet, dass er sich nicht um die Kehle des Pferdes zuziehen kann.)

LOSLASSEN UND VERTRAUEN AUFBAUEN

»Loslassen« und »Abstand halten« ist gleichermaßen eine mentale wie physische Übung. Hier bewegt sich Pelo vollkommen frei und folgt mir doch willig über ein Hindernis. Obwohl er sich vom Spaß am Springen mitreißen lässt, ist Pelos Ohr immer noch auf mich gerichtet, und er folgt mir weiterhin, obwohl sein Adrenalinspiegel jetzt erhöht ist.

Arbeit an der Doppellonge

Bei jedem jungen oder neuen Pferd ist es unumgänglich, ganz von vorne zu beginnen, selbst wenn man es für unnötig befindet. Manche Pferde erscheinen auf den ersten Blick gut ausgebildet zu sein, später entdeckt man jedoch große Lücken bei den Grundlagen, die im weiteren Verlauf der Ausbildung zerbröckeln!

Bodenarbeit festigt den Respekt, entwickelt das Verständnis und verbessert die physische und mentale Geschicklichkeit des Pferdes als Vorbereitung für das Reiten. Die Arbeit an der Doppellonge hilft dem Pferd, die in der Bodenarbeit gelernten Kommandos auf die Arbeit unter dem Sattel zu übertragen. Es sollte nun an der Hand und beim Longieren am langen Strick willig auf Ihre Kommandos reagieren und Ihre Körpersprache lesen können; darum ist es jetzt kein so großer Schritt mehr, einen äußeren Zügel hinzuzufügen, und es vom Boden aus »zu reiten«.

Bereitet man ein junges Pferd für das Anreiten vor, fällt der Arbeit an der Doppellonge dabei eine äußerst wichtige Rolle zu. Aufgrund der Anbringung der Leinen erfährt das Pferd seine Anweisungen über die Flanken – ähnlich den Schenkelhilfen des Reiters – und über sein Maul – ähnlich den Zügelhilfen des Reiters. Das hat den Vorteil, dass das Pferd lernt, sich auszubalancieren, sich selbst zu tragen und seine Bewegungen zu koordinieren, ohne das zusätzliche Gewicht des Reiters, und trotzdem »nach hinten lauscht« und darüber nachdenkt, was hinter ihm geschieht. Für ein älteres, abgestumpftes oder unwilliges Pferd kann die Arbeit an der Doppellonge Abwechslung oder ein neuer Ansatz sein.

Die Arbeit an der Doppellonge hilft auch dem Reiter, seine eigene Koordination zu verbessern und gibt ihm die Möglichkeit, vom Boden zu beobachten, wie sich das Pferd bewegt.

BITTE BEACHTEN SIE,

dass die Leinen ca. 3 m länger sein sollten als die normale Longierleine, damit der äußere Zügel lang genug ist, um auf das Pferd einwirken zu können, ohne es zu blockieren.

Noch einmal, vor Beginn, müssen wir uns vergewissern, dass das Pferd das Grundprinzip von Druck und Nachgeben verstanden hat. Bewegt es sich am Boden schnell und problemlos vom Druck weg (besser noch, auf die bloße Erwartung von Druck), so ist es auf dem richtigen Weg, später die komplexeren und feineren reiterlichen Hilfen zu verstehen. Wir schulden es besonders dem jungen Pferd, uns genügend Zeit für die Bodenarbeit zu nehmen, um später den Stress und das Unbehagen, wenn es einen Reiter auf dem Rücken trägt, so gering wie möglich zu halten. Wir machen uns selbst dadurch das Leben viel einfacher!

Wenn Sie nicht wissen, ob das Pferd bereits an der Doppellonge gearbeitet hat, beginnen Sie zunächst aus Sicherheitsgründen mit den Übungen auf den Seiten 74–75, »Vertrautmachen mit den Leinen«.

ARBEIT AN DER DOPPELLONGE IM VERGLEICH ZUM LONGIEREN

Ich bin nicht völlig gegen das Longieren, bin jedoch der Meinung, dass die Arbeit mit dem langen Strick und der Doppellonge aus den bereits genannten Gründen größere Vorteile hat, und dass das Longieren im Vergleich dazu langweilig sein kann. Es ist nicht sehr interaktiv, und wenn es dem Longenführer langweilig wird, überträgt sich das wahrscheinlich auch auf das Pferd.

Ich besitze ein altes Handbuch, das einige Seiten der Kunst des Longierens, jedoch nur einen Absatz der Arbeit an der Doppellonge, widmet. Es wird zwar anerkannt, dass die Ausbildung mit Hilfe der Doppellonge wesentlich verbessert werden kann, andererseits aber darauf hingewiesen, dass es so schwierig ist, dass man es lieber den Fachleuten überlassen sollte! Während ich völlig darin übereinstimme, dass ein höheres Ausbildungsniveau erreicht werden kann, bin ich absolut nicht der Meinung, es Fachleuten zu überlassen. Natürlich braucht es Übung, wie alles andere auch. Das Reitenlernen ist auch nicht einfach, und wenn man dafür genügend Koordination besitzt, kann man auch mit der Doppellonge arbeiten.

Dies ist ein guter Zeitpunkt für einen meiner Lieblingssätze: »Nicht Übung macht perfekt, sondern perfekte Übung macht perfekt.« Ich meine damit nicht, dass Sie perfekt sein müssen, sondern, dass Sie wissen müssen, was Sie erreichen wollen und falls nötig, Hilfe in Anspruch nehmen. Es ist mir bis jetzt immer gelungen, jedem den Umgang mit der Doppellonge innerhalb weniger Tage beizubringen.

Ein weiterer Nachteil des Longierens liegt meines Erachtens in der unzureichenden Kontrolle, die natürlich bei jedem individuell verschieden ausfällt. Ich persönlich habe jedoch schon allzu viele Pferde gesehen, die mindestens fünf Minuten lang im Kreis gerannt sind, wobei sie den Longenführer vollständig ignoriert haben, der ständig vergeblich versucht hat, sie mit der Stimme durchzuparieren! Hat das Pferd dann genug, entscheidet es selbst, wann es anhalten will, d. h. Bewegung und Richtung werden vom Pferd bestimmt. Man hat keine andere Einwirkungsmöglichkeit, als es zu sich hereinzuziehen, wodurch es auch noch mit einer Pause von der eigentlichen Arbeit auf dem Zirkel belohnt wird.

Bei der Arbeit an der Doppellonge können wir mit dem inneren und dem äußeren Zügel einwirken, wie wenn wir das Pferd vom Boden aus reiten würden. Sie können es in der Bewegung wenden und schließlich sogar alle Seitengänge, Achten, fliegende Wechsel, Tempoverstärkungen an der langen Seite, was immer Sie wollen, ausführen – Sie müssen dabei nur selbst etwas mehr laufen!

WIE OFT UND WIE LANGE SOLLTE ICH MIT DER DOPPELLONGE ARBEITEN?

Ein noch nicht gerittenes Jungpferd: nicht länger als fünf Mal pro Woche, für jeweils maximal zehn Minuten.

Ein älteres, bereits gerittenes Pferd: nicht länger als 20 Minuten, wenn es genügend Kondition hat. Machen Sie häufig Handwechsel. Wenn Sie bereits Übung haben, können Sie versuchen, auch die langen Seiten mit einzubeziehen. Sie können auch ein paar Tempoverstärkungen, Achten, usw. probieren (dabei werden Sie selbst auch Kondition bekommen). Arbeiten Sie mit der Doppellonge, um Abwechslung in Ihr Training zu bringen; ich arbeite ein Mal pro Woche damit.

Problempferde: bei ausgeprägten Problemen beim Reiten würde ich zur Bodenarbeit zurückkehren, um so Respekt, aktiveres Vorwärtsgehen und Untertreten der Hinterhand wieder herzustellen und ein insgesamt kräftigeres Pferd zu bekommen. Arbeiten Sie ca. fünf Wochen lang fünf Mal pro Woche 15–20 Minuten am Tag.

Sobald sich das Pferd wesentlich verbessert hat, sollten Sie die Arbeit an der Doppellonge als Teil des normalen Trainings ein Mal pro Woche beibehalten. Sie ist ein sehr effektives Training und darum auch sehr ermüdend; beobachten Sie ihr Pferd genau und beenden Sie das Training, bevor es das Pferd tut!

KOMMANDOS FÜR DIE ARBEIT AN DER DOPPELLONGE

Weil ich mir das Leben gerne möglichst einfach mache, beschränke ich mich bei der Arbeit an der Doppellonge auf zwei verbale Kommandos: ein Schnalzen mit der Zunge für Übergänge in eine schnellere und ein »brrr« für Übergänge in eine langsamere Gangart. Das soll nicht heißen, sie sollen nicht mit Ihrem Pferd sprechen, ich finde es einfach wesentlich leichter, ihnen zwei Ausdrücke anstatt eines ganzen Vokabulars beizubringen. Denken Sie an das Longieren. Wie viele Leute beschwören Ihr Pferd mit Ausdrücken wie »Scheritt«, »Scheeeritt«, »Scheeeeerit«, »bitte, bitte geh Schritt«. Auch mir ist das schon passiert; das Pferd klappt einfach die Ohren zu und ignoriert den Longenführer vollständig.

- *Für einen Übergang in eine höhere Gangart, schnalze ich mit dem äußeren Zügel und schnalze mit der Zunge.*
- *Sobald das Pferd vorwärts geht, stelle ich das Schnalzen mit der Zunge und dem Zügel ein.*
- *Sobald es wieder langsamer wird, wiederhole ich die oberen zwei Schritte.*
- *Wenn es sich in einem guten, gleichmäßigen Takt bewegt, fordere ich es auf gleiche Weise zum Übergang in die nächsthöhere Gangart auf. So lernt es, dass das das Schnalzen der Zunge und der Leine einfach bedeuten »geh schneller«.*
- *Mit der Zeit wird das Schnalzen mit der Leine überflüssig, da das Pferd allein auf das Schnalzen der Zunge reagieren wird.*
- *Zum Verlangsamen des Tempos sage ich »brr« und nehme Verbindung am äußeren Zügel (wie beim Reiten) auf, auch hier wird das Pferd schnell lernen, dass »brr« langsamer bedeutet.*
- *Sollte es zu langsam werden, schnalze ich wieder mit der Zunge und der Leine. Die meisten Pferde begreifen das ziemlich schnell.*

HANDWECHSEL

Davor haben die Leute am meisten Angst, es erfordert jedoch einfach nur ein bisschen Übung. Versuchen Sie es erst einmal nur im Schritt. Bei meinen Kursen stöhnen die meisten meiner Kunden am ersten Tag, dass Sie das niemals schaffen können, aber am dritten Tag beherrschen Sie es wie ein Profi. Und so geht es:

- *Befindet sich das Pferd auf der rechten Hand, nehmen Sie beide Leinen in die rechte Hand. Lassen Sie nun die linke Hand so weit wie möglich am äußeren Zügel entlanggleiten und bringen Sie langsam seinen Kopf von sich weg. Gleichzeitig lassen Sie die innere Leine durch die Hand laufen; diese wird jetzt zur neuen äußeren Leine.*
- *Um die Wendung problemlos ausführen zu können, müssen die Leinen mindestens 10 m lang sein, die meisten Leinen sind 3 m zu kurz.*
- *Haben Sie dabei Probleme, lassen Sie sich von jemandem helfen, indem Sie ihn oder sie bitten, mit dem Rücken zu Ihnen zu stehen. Legen Sie die Mitte der Leine hinten um den Hals und unter die Arme, dann schicken Sie die Person auf die Zirkellinie und üben das Wenden. Es macht viel Spaß. Ich mache das auch bei meinen Vorführungen und es ist wirklich hilfreich.*

EIN SCHRITTWEISES HERANFÜHREN

1 Wenn Ihr Pferd noch nie mit der Doppellonge gearbeitet hat, müssen Sie es langsam damit vertraut machen. Befestigen Sie ein Seil am Halfter oder am Trensenring. Führen Sie es dann von der anderen Seite über den Rücken bis zur Hinterhand.

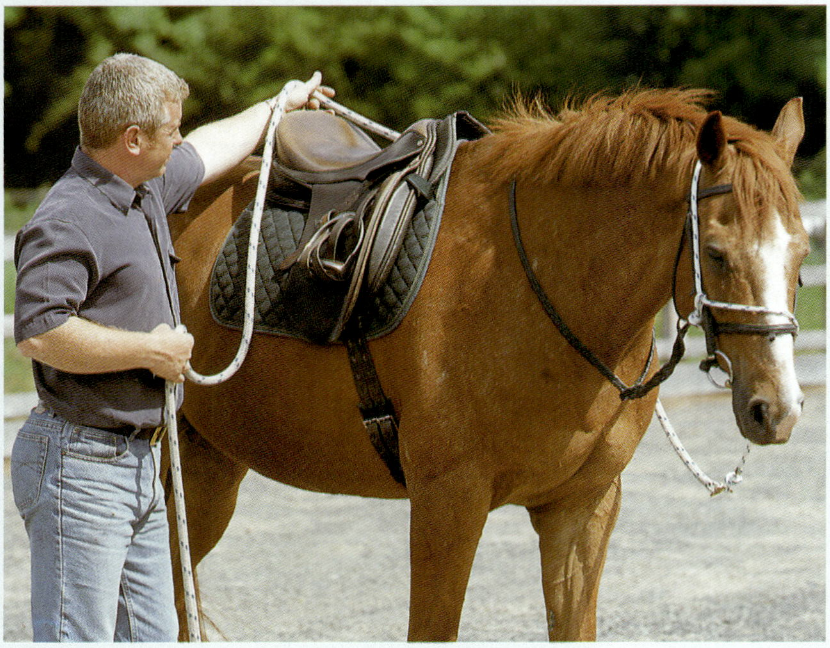

3&4 Beim Longieren am langen Strick hat das Pferd gelernt, sich zum Druck, d.h. zum Longenführer hinzudrehen. Jetzt muss es lernen, auf den Druck, der durch das Seil ausgeübt wird, zu reagieren, welcher ihm sagt, in die andere Richtung zu drehen. Haben Sie Geduld, bleiben Sie ruhig stehen und üben Sie sanft Druck aus, so wird das Pferd Ihre Absicht begreifen. Das erste Mal wird seine Reaktion wahrscheinlich etwas hastig ausfallen. Wiederholen Sie die Übung, bis es sich ruhig zum Druck hin von Ihnen wegdreht, ja sogar schon in Erwartung des Drucks ohne Aufforderung wendet.

2 Wiederholen Sie dies von der anderen Seite. Legen Sie das Seil um die Hinterhand des Pferdes, vorausgesetzt, es bleibt dabei gelassen. Es mag zunächst vielleicht ein wenig verwirrt sein, Sie auf der einen Seite zu sehen, den Druck jedoch auf der anderen Seite zu spüren. Machen Sie jedoch in aller Ruhe weiter, bis sich seine natürliche Angstreaktion gelegt hat. Bleiben Sie auf der gegenüberliegenden Seite und fordern Sie es zum Wenden auf, indem Sie Druck auf das Seil ausüben.

5 Das ist eine bedeutende Lektion – Troy hat gelernt, dass die Kommandos von scheinbar unsichtbaren Quellen kommen können, seine Reaktion jedoch immer gleich ausfallen muss, und er dem Druck nachgeben muss, um sich das Leben wieder angenehm zu machen. Es lohnt sich, diese Übung oftmals zu wiederholen, besonders um das Pferd an das Gefühl des Seils um seine Sprunggelenke und seine Hinterhand zu gewöhnen. Lassen Sie ruhig einmal das Seil so weit durchhängen, dass es die Berührung an seinen Beinen spürt. Dadurch wird es lernen, nicht in Panik zu geraten, wenn sich die Longen bei der Arbeit an der Doppellonge einmal um seine Beine wickeln sollten, was unausweichlich ist, oder wenn die Zügel sich verheddern und man sie fallen lassen muss!

ARBEIT AN DER DOPPELLONGE (Fortsetzung

Die Ausrüstung. Trensen und satteln Sie das Pferd wie üblich auf. Die Steigbügel dürfen nicht hin- und herbaumeln (das erreicht man am effektivsten, indem man sie mit einem Steigbügelriemen – siehe rechts – befestigt). Achten Sie darauf, dass die Steigbügel nicht zu lang sind, damit sie nicht gegen die Ellbogen des Pferdes schlagen. Entfernen Sie entweder die Zügel oder verschnallen diese unter dem Kehlriemen, bevor Sie die Longen an den Trensenringen, oberhalb der Zügel, falls diese eingeschnallt sind (siehe unten), befestigen.

Leinenanbringung für junge Pferde (rechts). Hier sehen wir, wie die Longen für junge oder unerfahrene Pferde angebracht werden können. Die Longen verlaufen von den Trensenringen durch die Steigbügel, um zu verhindern, dass sie zu tief herunterrutschen. Dadurch verläuft die äußere Leine um die Hinterhand des Pferdes und fordert es so zum fleißigen Untertreten auf. Die innere Leine sorgt für Stellung und Richtung, wie bei der Arbeit unter dem Sattel. Der äußere Steigbügel erzeugt einen ähnlichen Druck wie der äußere Schenkel beim Reiten, während der Druck vom inneren Steigbügel nachlässt.

Leinenanbringung für etwas weiter ausgebildete Pferde (rechtes und kleines Bild rechts). Hier sehen wir die Anbringung der Longen, wie sie für ein etwas fortgeschritteneres Pferd geeignet sind. Die Leinen verlaufen durch die Anbringung eines vorne am Sattel verschnallten Ringes ein bisschen höher. Dadurch wird das Pferd veranlasst, in einer etwas versammelteren Haltung zu arbeiten.

... Longeneinstellungen für junge und bereits fortgeschrittene Pferde

Leinenanbringung für forgeschrittene Pferde. Hier verlaufen die Leinen über den Widerrist, durch eine selbst angebrachte Schlaufe, die zwischen den beiden vorne am Sattel angebrachten Ringen verläuft. Dadurch wird die Reiterhand am ehesten nachgeahmt; das Pferd wird so aufgefordert, sich frei aus der Schulter heraus zu bewegen. Wir sehen hier, wie sich das Pferd der Aufforderung zu größerer Versammlung zunächst widersetzt (unten), dann jedoch nachgibt (ganz unten). Bei dieser Verschnallung der Longen muss darauf geachtet werden, dass die Leinen bei jedem Handwechsel korrekt mit einer schnellen Bewegung über den Hinterzwiesel geführt werden.

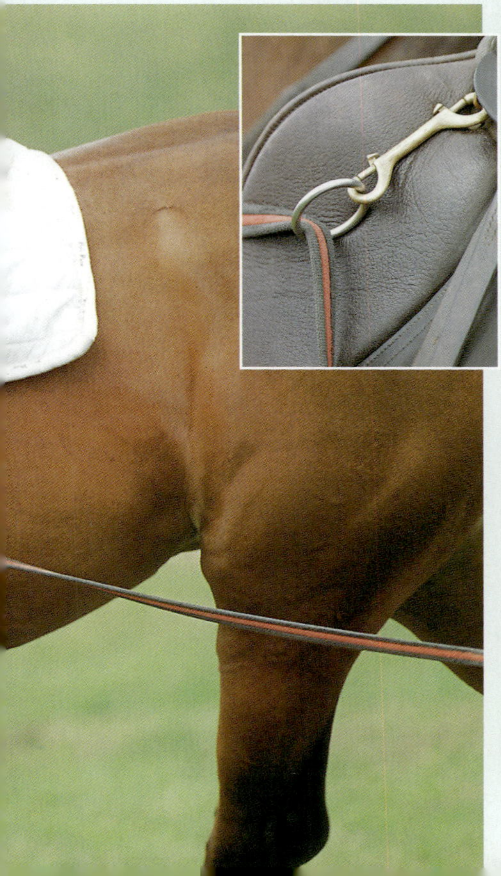

ARBEIT AN DER DOPPELLONGE (Fortsetzung)

Wendung nach rechts (rechts). Lassen Sie die innere Leine »fallen« und gehen Sie hinter das Pferd, während Sie die äußere Leine verkürzen. Denken Sie daran, dass es sich von Ihnen wegbewegen und nicht auf Sie zugehen soll, wie es das vom Longieren am langen Strick gewöhnt ist (siehe Seite 74–75 und »Kommandos für die Arbeit an der Doppellonge«, Seite 73). Bei der Wendung strafft sich die durchhängende innere Leine von selbst wieder. Bei der hier gezeigten fortgeschrittenen Verschnallung, müssen die Leinen bei der Wendung mit einer schnellen Bewegung über den Hinterzwiesel geführt werden. Bei den anderen Einstellungen liegen Sie an der Flanke des Pferdes an.

Handwechsel (unten). Üben Sie alle Bewegungen – vorwärts, rückwärts, seitwärts und Handwechsel – zunächst im Schritt. Sobald sich Pferd und Reiter besser koordinieren können, sollten auch Übergänge in eine höhere oder niedrigere Gangart aus allen Gangarten möglich sein. Erwarten Sie anfangs keine Perfektion. Es wird etwas dauern, bis Pferd und Reiter ein Gefühl dafür bekommen. Wie zu Beginn der Bodenarbeit müssen die Kommandos anfänglich wesentlich deutlicher ausfallen; mit besserem Verständnis wird jedoch auch eine feinere Hilfengebung möglich werden (siehe auch »Kommandos für die Arbeit an der Doppellonge«, Seite 73).

… Wechseln von Richtung und Gangart

Kein unnötiges Aufhebens machen (unten und unten rechts). Es gibt zwei Dinge, die vielen Leuten, wenn sie mit der Arbeit an der Doppellonge beginnen, Sorgen bereiten: zum einen, dass ihr Pferd bei der Berührung der Leinen an den Flanken in Panik gerät und zum anderen, dass sich die Leinen um die Pferdebeine wickeln könnten. Ein Pferd, dem diese Arbeit neu ist, muss unbedingt auf ungewohnte Berührungen vorbereitet sein; das geschieht am besten in einer sicheren Umgebung! Ein Pferd, das lernt Druck und ungewohnte Berührungen entlang den Flanken und um seine Beine zu akzeptieren, wird ein wesentlich sichereres und entspannteres Reitpferd werden.

So können Sie überprüfen, ob das Pferd Ihnen vertraut – haben Sie die erste Phase der Bodenarbeit korrekt absolviert, sollte es einfach anhalten, wenn etwas schief geht und ruhig abwarten, bis Sie alles wieder in Ordnung gebracht haben. Beginnen Sie nicht mit der Arbeit an der Doppellonge, wenn Sie befürchten, das Pferd könnte in Panik geraten; sorgen Sie durch eine gründliche Vorbereitung dafür, dass dies nicht geschieht.

Join-Up ohne Round Pen

Ich habe neue und nützliche Dinge oftmals aus einem Fehler heraus gelernt oder einfach, weil ich mir zugetraut hatte, etwas Neues mit einem Pferd auszuprobieren. War es erfolgreich, habe ich dasselbe mit einem anderen Pferd versucht, um zu sehen, ob das erste Mal auf Zufall beruhte. So lerne ich ständig dazu und kann meine Ausbildungsmethoden weiterentwickeln, wobei das Pferd mein Lehrer ist. Manchmal bekommt man auf verschiedene Fragen dieselbe Antwort: Das macht das Leben interessant, und darum kann nicht eine Person die einzig richtige Methode für sich in Anspruch nehmen. Wie schon in der Einführung erwähnt, viele Wege führen nach Rom.

Vor ca. drei Jahren gab ich eine Reihe von Demonstrationen, die sich mit Bodenarbeit beschäftigten; es gab keine Round Pens und ich führte kein Join-Up durch. Ich versuchte zu zeigen, dass Ausbildungshalfter keine magischen Kräfte besitzen, sondern lediglich nützliche Werkzeuge zur Erreichung eines Ziels sind. Das Hauptproblem bei den meisten zur Verfügung gestellten Pferden war das Verladen. Ich versuchte, vor Augen zu führen, dass man dem Pferd nicht einfach ein Halfter überstreifen und sofort zum Hänger gehen, sondern sich zunächst innerhalb der Bodenarbeit mit dem Pferd beschäftigen und so seinen Respekt und sein Vertrauen gewinnen sollte. (Das mag einem zwar etwas umständlich erscheinen, letztendlich lohnt sich dieser Zeitaufwand jedoch auf jeden Fall.)

Also arbeitete ich mit diesen Pferden zunächst am Halfter und danach an der Doppellonge. Ich führte zahlreiche Handwechsel durch, damit sich die Pferde besser auf mich konzentrierten. Ich wartete immer so lange, bis sie ausbalanciert waren und Vertrauen gefasst hatten, bevor ich sie aufforderte, auf die Rampe des Lastwagens oder des Anhängers zu gehen – das ist einer der letzten Schritte beim Verladen, nicht einer der ersten! Die Pferde sind zwar nicht immer sofort hineingegangen, es hat jedoch nie sehr lange gedauert, und es ergab sich mit Sicherheit nie der Kampf, den ich früher oft austrug, als meine Methode zielgerichteter war. Ich lernte allmählich, dass weniger mehr war.

Die Vorführungen verliefen stets nach demselben Schema. Ich sattelte das Pferd nach Beendigung der Arbeit an der Doppellonge ab und sprach dann kurz mit dem Publikum, bevor ich das Halfter anlegte und Richtung Hänger ging. Nach ein paar Vorführungen bemerkte ich, dass das Pferd während des Gesprächs mit den Zuschauern stets an meiner Schulter war – wo immer ich hinging, folgte es mir. Ich erkannte, dass ich das Join-Up einfach durch die Arbeit an der Doppellonge erreicht hatte, ohne den Gebrauch eines Round Pens. Bei weiteren Vorführungen erwies sich, dass sich das Join-Up jedes Mal wieder einstellte. Damit nicht genug, das Join-Up war sehr viel intensiver als es manchmal ausfällt, wenn man das Pferd im Round Pen auf herkömmliche Weise weggeschickt hat.

Das war eine großartige Entdeckung, da die meisten Leute, denen ich helfe, keine Round Pens zur Verfügung haben. Außerdem veranlasste es mich, über den ganzen Vorgang des Join-Ups nachzudenken. Ich kam zu dem Schluss, dass allein die Tatsache zählt, dass die Kontrolle über Bewegung und Richtung beim Anführer der Herde liegt; egal, in welcher Form diese Kontrolle ausgeübt wird. Arbeitet man mit dem Pferd am Halfter oder an der Doppellonge, kontrolliert man Bewegung und Richtung; diese Kontrolle wird durch häufige Richtungswechsel verstärkt.

Hier noch ein weiteres Beispiel. Außerhalb der Decksaison stelle ich meinen Wallach Pelo mit meinem Hengst Nosey zusammen auf die Koppel. Sie verstehen sich meistens sehr gut, und ich lehne es absolut ab, Hengste einzeln zu halten. Ich habe zu beiden Pferden ein gutes Verhältnis, betrete ich aber die Koppel, um Pelo zu besuchen, lässt Nosey mich nicht an ihn heran. Er stellt sich zwischen mich und Pelo und schickt Pelo ständig in verschiedene Richtungen weg. Pelo ist für gewöhnlich ein sehr dominantes Pferd, erkennt jedoch Nosey als Chef an und stellt diese Rangordnung nicht einmal in Frage. Genau das geschieht bei der Arbeit an der Doppellonge. Man braucht dazu keinen Round Pen. Insbesondere gilt das für ein Pferd, das man schon lange besitzt oder für ein älteres Pferd, mit dem man das Join-Up durchführen möchte. Hier empfiehlt sich die Arbeit an der Doppellonge und das Halftertraining, wobei man so viele Tempo- und Handwechsel wie möglich durchführen sollte.

Überprüfen Sie Ihre Fortschritte

Können Sie alle nachfolgenden Fragen mit »ja« beantworten? Wenn nicht, versuchen Sie herauszufinden, wo der Fehler liegt. Lesen Sie dann noch einmal die betreffenden Abschnitte im Buch sorgfältig durch.

- Sind meine Kommandos immer völlig eindeutig und konsequent, egal wie müde und frustriert ich gerade bin?
- Beharre ich in Ruhe darauf, dass das Pferd das Richtige tut, egal wie lange es dauert und belohne es dann sofort dafür?
- Kann das Pferd stets klar erkennen, ob es etwas richtig oder falsch gemacht hat?
- Belohne ich das Pferd mit meiner Anerkennung und dem Lösen des Drucks? Das ist ausreichend; es darf keine Bestechungen durch Leckerbissen, Drohungen oder Kompromisse geben.
- Bemerke ich kleinste Veränderungen im Verhalten, Einstellung und Körpersprache, und bin ich mir deren Bedeutung bewusst?
- Ist mein Pferd im Training motiviert und arbeitet eifrig mit? Falls es seine Aufgaben nur widerwillig ausführt und sich nicht anstrengen möchte, habe ich mir Gedanken darüber gemacht, warum das so ist?
- Ist das, was ich von meinem Pferd fordere, fair? Pferde sind für gewöhnlich ausgesprochen willig, wenn sie verstehen, was man von ihnen möchte. Unangemessene Anforderungen können jedoch dazu führen, dass sie verstimmt und frustriert werden. Denken Sie daran, 20 Minuten an der Doppellonge entsprechend ungefähr einer Stunde Reiten im Gelände, bauen Sie das Training also langsam auf.
- Fordere ich genug von meinem Pferd? Hat man einmal die Grundlagen gelegt, muss sich das Pferd in der Ausbildung weiterentwickeln. Abgesehen davon, dass man Langweile vermeiden möchte, besteht unser Ziel darin, eine noch feinere Form der Kommunikation und ein höheres Können (Ausbildungsniveau) zu erreichen.
- Habe ich genügend Selbstdisziplin? Eine »Das-reicht-für-heute-Einstellung« ist nicht besonders hilfreich für das Pferd.
- Betrachte ich auftretende Probleme als eine Möglichkeit zu lernen und mein Verhältnis zum Pferd weiterzuentwickeln oder eher als einen Rückschlag?
- Sind meine Hilfen höfliche Aufforderungen an das Pferd, zu tun, was ich von ihm möchte, oder eher Forderungen?

Wesentliche Punkte auf einen Blick

Die bisherige Arbeit sollte dazu geführt haben:

- Mittel und Wege aufzuzeigen, um das Training abwechslungsreicher und interessanter zu gestalten.
- Respekt, Aufmerksamkeit und Konzentration des Pferdes zu erlangen.
- die körperliche Geschicklichkeit und Koordination von Reiter und Pferd zu fördern.
- das Pferd dabei zu unterstützen, dass es sich selbst tragen lernt.
- Bewegung und Richtung kontrollieren zu können, auch ohne dabei auf dem Pferd zu sitzen.

3 Arbeit unter dem Sattel

Was Sie zu Beginn wissen sollten

Dieses Kapitel beschäftigt sich sowohl mit der Arbeit für bereits gerittene wie noch nicht angerittene Pferde. Haben Sie ein bereits gut gerittenes Pferd, können Sie auf Seite 92 weiterlesen, um zu erfahren, wie man das bereits Erreichte auf die Arbeit unter dem Sattel übertragen kann; auch im folgenden Abschnitt gibt es jedoch einige nützliche Hinweise. Haben Sie ein noch nicht eingerittenes Pferd, so lesen Sie bitte zunächst die nachfolgenden Seiten.

ANREITEN EINES JUNGPFERDES

Das Anreiten eines Pferdes kann sehr aufregend sein. Man übersieht dabei jedoch leicht, dass das eigentliche Reiten streng genommen am Ende des Weges, der zum wahren Horsemanship führt, kommt und nicht am Anfang steht! Meiner Ansicht nach ist das Hauptziel der Ausbildung, dem Pferd zu vermitteln, dass es sich, egal woher der Druck kommt, (nicht unbedingt vom Menschen, er kann in jeder Situation entstehen) sei er physischer, emotionaler oder mentaler Art, bei der Person, die mit ihm umgeht, stets sicher und wohlfühlen kann.

Verlangen sie nichts vom Pferd unter dem Sattel, bevor es sich nicht willig, gehorsam und ausbalanciert ohne Reiter bewegen kann; vermag es sein eigenes Gewicht nicht zufrieden und ausbalanciert zu tragen, so ist es unwahrscheinlich, dass es auch noch das Gewicht des Reiters tragen kann. Gehorsam bedeutet nicht, dass es sich wie ein Roboter benehmen muss! Ein Pferd soll seine Persönlichkeit und Ausstrahlung bewahren und gleichzeitig sicher und kontrollierbar für den Menschen sein.

Hat man ein Fundament durch Wissen, Verständnis und Vertrauen gelegt, dann sollte der Moment, in dem man sein Pferd zum ersten Mal sattelt oder besteigt, nicht zu dem Drama werden, zu dem es manchmal hochgespielt wird. Nach sorgfältiger und feinfühliger Vorbereitung vom Boden aus, besteht kein Grund, warum das Pferd nicht ruhig alles was Sie von ihm verlangen akzeptiert und sich willig reiten lässt.
Meiner Meinung nach besteht der größte Misserfolg vieler so genannter »herkömmlicher« Methoden darin, dass man das Pferd keine Fehler machen lässt – es scheint beinahe, als fürchte sich der Ausbilder vor den möglichen Konsequenzen. Wird beispielsweise zum ersten Mal der Sattel aufgelegt, steht oftmals jemand am Kopf des Pferdes, um es an einer Reaktion zu hindern. Ich denke, diese Einstellung behindert den Lernprozess des Pferdes. Natürlich ist es wichtig, so sicher wie möglich zu arbeiten, damit niemand verletzt und das Pferd nicht erschreckt wird. Das sollte je-

doch kein Thema sein, wenn die Bodenarbeit erfolgreich absolviert wurde und das Pferd Vertrauen zum Reiter hat. Meine Methode, das Pferd an einen Sattel zu gewöhnen, besteht darin, für ein sicheres Umfeld zu sorgen, wenn nötig, einen langen Führstrick (8 m) am Halfter zu befestigen und dann den Sattel aufzulegen und das Pferd sich damit »austoben« zu lassen – bei manchen Pferden bedeutet das, dass sie heftig buckeln oder in der Bahn herumgaloppieren, andere wiederum machen ein paar eigenartige Schritte und akzeptieren ihn dann problemlos. Lassen Sie das Pferd selbst entdecken, dass ihm der Sattel nichts anhaben kann. Ich denke, das ist eine wichtige Erfahrung für ein Pferd; es lernt, etwas auszuhalten, ohne dabei Schaden zu nehmen. Man kann keine Ängste überwinden oder sich an Dinge gewöhnen, die einem einen Adrenalinstoß verpassen, ohne sie auch erlebt zu haben.

Eines der ersten Pferde in meinem Stall war ein 10-jähriges Vielseitigkeitspferd, das nicht mehr vorwärts gehen wollte. Damals ging ich in einem solchen Fall normalerweise so vor, dass ich mit dem Pferd im Round Pen das Join-Up durchführte, es aufsattelte und es dann freilaufen ließ. Trotz seines Alters und obwohl es ein erfahrenes Vielseitigkeitspferd war, rannte es los und buckelte wie ein junges Pferd, das zum ersten Mal einen Sattel trägt. In Wahrheit hat dieses Pferd niemals wirklich den Sattel akzeptiert, obwohl es so gut wie es eben konnte beim Reiten kooperiert hatte. Das allein hat das Problem des Klebens nicht gelöst, mir aber gezeigt, dass Pferde sehr nachsichtig sein können. Dieses Pferd hat seine Arbeit gemacht, obwohl es dieses Problem immer mit sich herumgetragen hatte.

WOHLFÜHLBEREICH

Wenn Sie Ihr Pferd erfolgreich nach meinen Methoden ausbilden, wird es sich gerne von Ihnen führen lassen und sich bei Ihnen absolut sicher fühlen.

Ein nicht richtig vorbereitetes Pferd hat durchaus das Recht, zu fliehen und/oder sich mental und emotional zurückzuziehen. Gerade eingerittene Jungpferde, die sich wie Rodeopferde aufführen, sind vielleicht spannend anzuschauen, in den meisten Fällen steckt jedoch ein Vertrauensbruch und mangelnde Verständigung zwischen Pferd und Reiter dahinter, genau das, was wir vermeiden wollen. Das passiert, wenn wir dem Pferd keine Gelegenheit geben, den Sattel in einem sicheren Umfeld kennen zu lernen und statt dessen eine Reaktion der rechten Gehirnhälfte auslösen (siehe Seite 37), wobei es wirklich das Gefühl hat, um sein Leben zu kämpfen. Natürlich muss man respektieren, dass die natürlichen Instinkte des Pferdes zu unvorhersehbaren Reaktionen führen können, unabhängig vom Alter, hat man jedoch bisher gründlich gearbeitet, dann sollte es wirklich einfach ein »ganz normaler Arbeitstag« für das Pferd sein.

Vieles geht schief, weil eine ganze Reihe von Fähigkeiten erforderlich sind, um ein so großes und kräftiges Tier zu bewegen, willig mitzuarbeiten, wobei Erfahrung oder Talent nicht unbedingt dazugehören – Geduld, normaler Menschenverstand und Einfühlungsvermögen führen zum Ziel. Es gibt jedoch einen Vorbehalt: Setzt man sich zum allerersten Mal auf sein Pferd, rate ich dringend dazu, einen erfahrenen Helfer hinzuzuziehen. Es ist ein so entscheidendes Erlebnis, bei dem ein einfacher Fehler schwerwiegende Auswirkungen haben kann.

BESITZEN SIE DIE NÖTIGEN VORAUSSETZUNGEN?

Es erfordert Erfahrung, Geduld und Intuition, um ein Pferd erfolgreich anzureiten. Achten Sie darauf, sich dabei nicht selbst zu überschätzen.
Stellen sie sich die folgenden Fragen:

- *Was erhoffe ich mir davon? Die Antwort hierauf ist nicht so eindeutig, wie die Frage vielleicht scheinen mag! Vielleicht träumen Sie davon, ein besser ausgebildetes Pferd zu erhalten, als Sie es sich leisten konnten, oder Sie haben das Tier selbst gezogen und haben natürlich ein Interesse daran, den nächsten Schritt zu machen. Was auch immer der Grund ist, reine Selbstgefälligkeit sollte dabei keine Rolle spielen.*

- *Sind meine Ziele mit den Möglichkeiten des Pferdes vereinbar? Turnierschleifen bedeuten ihm nichts; wenn wir uns zu stark auf langfristige Leistungsziele fixieren, sind wir vielleicht nicht einfühlsam genug, um das Verhalten unseres Pferdes im täglichen Training richtig zu beurteilen.*

- *Schaffe ich es, die Worte »soll« und »muss« auszublenden, wann immer es um mein Pferd geht? Der wahre Weg zum Erfolg lieg darin, alles in einer für das Pferd verständlichen Form, d.h. logisch und in Übereinstimmung mit seiner körperlichen Verfassung, zu vermitteln.*

- *Bin ich bereit, mir Rat zu holen? Versuche ich darüber hinaus Ratschläge mit Gefühl zu interpretieren und anzuwenden? Vergessen Sie den Guru, der momentan am populärsten ist. Finden Sie eine logisch zusammenhängende Methode, die für Sie Sinn macht und für Ihr Pferd funktioniert.*

- *Glaube ich an mich? Man muss sich zwar der Dimension seines Vorhabens bewusst sein, darf darüber jedoch nicht den Blick für das Wesentliche verlieren und muss an die eigenen Fähigkeiten glauben. Man wird zusammen Spaß haben und gemeinsam lernen; aus dem beiderseitigen Einvernehmen entsteht Leistung, das ist jedoch nicht das Hauptziel, sondern nur eine Nebenwirkung.*

- *Schaffe ich es, geduldiger zu werden, und sei es nur für den Zeitraum, den ich mit meinem Pferd verbringe? Denken Sie daran, dass die Leute, die in Videos oder bei Vorführungen mit jungen Pferden umgehen, für gewöhnlich außerordentlich erfahren sind und andere Ziele als Sie verfolgen. Sie müssen nicht alles genauso machen, oder genauso schnell. Es ist nicht unbedingt ein Zeichen von Größe, ein Pferd innerhalb kürzester Zeit anzureiten.*

IST IHR PFERD BEREIT?

Sie müssen sich sicher sein, dass Ihr Pferd Ihnen vertraut und bei der Bodenarbeit und der Arbeit auf Distanz entspannt, vertrauensvoll und gehorsam mitarbeitet, bevor sie damit beginnen, es an die Arbeit unter dem Sattel zu gewöhnen.

Stellen Sie sich die folgenden Fragen:

- *Hat es das Prinzip von Druck und Entspannung vollkommen verstanden? (Siehe Seite 46–53.) Es sollte sowohl bei der Bodenarbeit wie auch bei der Arbeit auf Distanz vertrauensvoll und gehorsam mitarbeiten.*
- *Kann ich täglich Anzeichen seines Vertrauens in mich erkennen? Spitzt es beispielsweise die Ohren und schaut mir in die Augen, wenn ich es auf der Koppel aufsuche, oder versucht es mir aus dem Weg zu gehen?*
- *Bleibt es an Türen und Toren mit einer respektvollen Distanz hinter mir stehen und wartet höflich, bis ich sie öffne, oder respektiert es meinen persönlichen Freiraum nicht und drängt mich aus dem Weg?*
- *Bleibt es beim Putzen und anderen Verrichtungen ruhig stehen und erweckt den Eindruck, als würde es sich über die Aufmerksamkeit freuen?*
- *Betrachtet es ungewohntes Sattelzeug oder andere Gegenstände mit ruhiger Neugier, ohne jegliche Anzeichen von Angst oder Misstrauen, selbst wenn ich es damit berühre?*

DRUCK UND ENTSPANNUNG ZUM ZWEITEN

Hier bringe ich Scarlet bei, dass sie dem Druck entgegengehen muss, wenn er von oben kommt. Sie widersetzt sich zwar zunächst, gibt dann jedoch, aufgrund der vorangegangenen Bodenarbeit und dem korrekten Halftertraining in jungen Jahren nach. Das ist für jedes Pferd eine gute Übung, die insbesondere als Vorbereitung zum Anreiten hervorragend geeignet ist. Im Alter von drei Jahren ist Scarlet bereits ein ruhiges und willig mitarbeitendes Pferd. Sie ist daran gewöhnt, einen Reiter über sich zu sehen; sie genießt im Allgemeinen die Aufmerksamkeit und fühlt sich von mir nicht bedroht!

Vor dem Aufsitzen. Sie müssen sich absolut sicher sein, dass die Grundlagen gefestigt sind, damit das Pferd eine Verbindung zwischen der Bodenarbeit und der Arbeit unter dem Sattel herstellen kann. Alles lässt sich wieder auf das so wichtige Verständnis von Druck und Entspannung zurückführen!

... das Pferd lernt, wie es auf Druck von oben nachgeben muss

Das Beibringen der Hilfen

Unser Pferd ist nun also gut vorbereitet und zu dem äußersten Zugeständnis, das man von einem Beutetier erwarten kann, nämlich uns auf seinem Rücken zu tragen, bereit. Egal, wie alt Ihr Pferd ist oder wie häufig Sie es reiten, vergessen Sie nie, dieses enorme Entgegenkommen zu schätzen, wenn Sie sich auf seinen Rücken schwingen: Obwohl es in Jahrtausenden der Evolution den Instinkt entwickelt hat, sich dagegen zu wehren, steht es nun vor uns und wartet auf unsere Anweisungen.

Gutes Reiten bedeutet nichts anderes, wie die richtige Frage zum richtigen Zeitpunkt auf die richtige Art zu stellen, und die richtige Antwort zu belohnen. Dieses Prinzip bleibt immer gleich, egal, auf welchem Niveau man reitet.

Als Reiter sind wir es dem Pferd zumindest schuldig, die notwendigen Fähigkeiten zu erlernen, die wir benötigen, um die Sache für das Pferd so angenehm wie möglich zu machen, so dass wir ihm »helfen«, anstatt es zu behindern. Natürlich klingt es einfacher wie es ist, ist es doch ein Lernprozess, der ein Leben lang anhält! Man darf sich aber davon nicht abschrecken lassen. Schließlich bedeutet gutes Reiten nichts anderes, wie die richtige Frage zum richtigen Zeitpunkt auf die richtige Art zu stellen, und die richtige Antwort zu belohnen. Dieses Prinzip bleibt immer gleich, egal auf welchem Niveau man reitet.

Jedes Pferd beherrscht so genannte »fortgeschrittene« Lektionen, wie Piaffe, Pirouette und fliegende Wechsel, weil es natürliche Bewegungen sind, die in freier Wildbahn bei der Verteidigung, beim Spielen und bei der Paarung vorkommen. Als Reiter möchten wir, dass unser Pferd diese Bewegungen auf Kommando ausführt. Dazu wenden wir an verschiedenen Stellen und in unterschiedlicher Zusammensetzung Druck aus, das sind die so genannten Hilfen. Mittels der Hilfen führt der Reiter sein Pferd durch die Lektionen. In der Ausbildung lehren wir dem Pferd die Bedeutung der einzelnen Hilfen, so dass es die Zeichen mit der gewünschten Lektion in Verbindung bringen kann.

Das Pferd sollte bereits bei der Bodenarbeit gelernt haben, auf Druck nachzugeben. Dann ist es nur noch ein logischer Schritt für das Pferd, eine Verbindung zwischen diesem Druck und der Einwirkung, die es beim Reiten mittels Hand, Schenkel oder Gesäß erfährt, herzustellen. Jetzt wird klar, warum das völlige Verständnis von Druck und Entspannung die Grundlage des Trainingsprogramms ausmacht und der Schlüssel für eine erfolgreiche Ausbildung ist.

DAS GRUNDPRINZIP DER HILFENGEBUNG

Bei einem weit ausgebildeten Pferd erzielen wir mit unseren Hilfen spektakuläre Resultate; die Art und Weise,

DAS PRINZIP DER ANLEHNUNG

Wie reagiert Ihr Pferd auf die Zügeleinwirkung? Es funktioniert nicht, den Pferdekopf einfach herunterzuziehen; diese Übung zeigt warum. Strecken Sie einen Arm gerade vor sich aus, er soll den Pferdehals darstellen; versuchen Sie ihn dann mit der anderen Hand herunterzudrücken, der ausgestreckte Arm leistet dabei Widerstand. Funktioniert es? Welche Muskeln sind angespannt? Was passiert, wenn Sie den Druck wegnehmen? Der »Hals« schnellt noch weiter nach oben! Versuchen Sie nun das Gegenteil – drücken Sie den Arm von unten nach oben, als würden Sie versuchen, den »Hals« noch weiter nach oben zu bringen, leisten Sie auch hier Widerstand. Sie werden wahrscheinlich bemerken, wie die oberen und nicht die unteren Muskeln Ihres ausgestreckten Armes tätig werden. Wenn Sie den Druck wegnehmen, senkt sich der Arm als natürliche Reaktion der Muskeln.

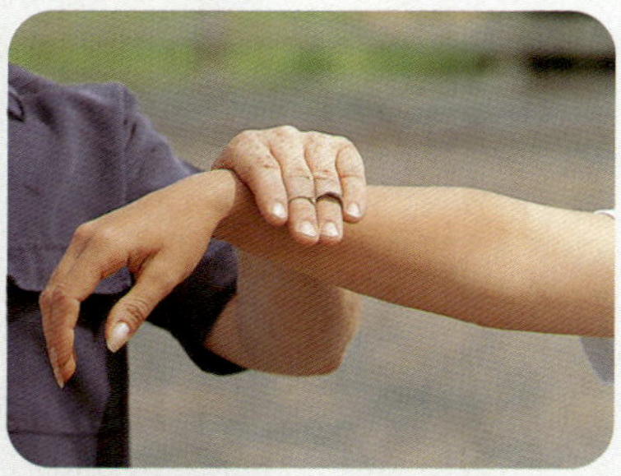

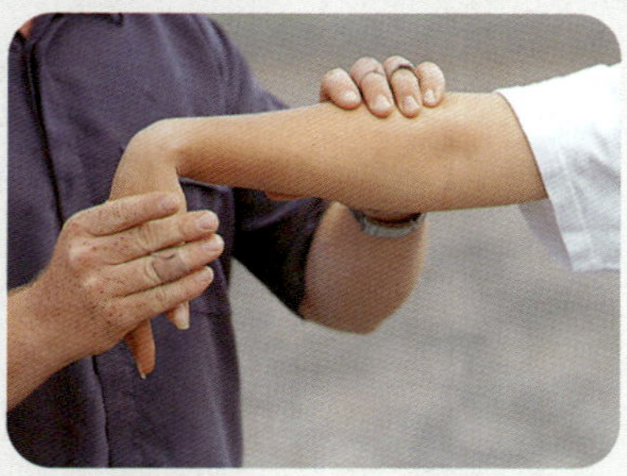

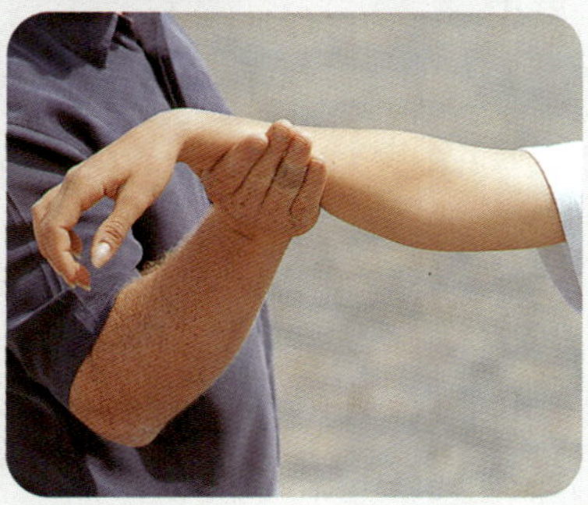

Jedem Reiter, sei er Freizeit- oder Grand-Prix-Reiter stehen dieselben Mittel zur Verfügung: Schenkel, Gesäß und Hände.

wie wir sie jedoch an unser Pferd weitergeben, ist eigentlich ganz einfach. Jedem Reiter, sei er Freizeit- oder Grand-Prix-Reiter stehen dieselben Mittel zur Verfügung: Schenkel, Gesäß und Hände. Es werden einfach nur unterschiedliche Resultate erzielt, je nach dem es uns gelingt, die einzelnen Hilfen miteinander zu verbinden.

- ▷ Das BEIN wird zur Förderung des Schwungs, für Tempoänderungen, zum Biegen und für Seitwärtsbewegungen eingesetzt: kurz, es kontrolliert die Hinterhand.
- ▷ Das GESÄSS wird eingesetzt, wenn man die Schenkelhilfen verfeinern möchte, um die Biegearbeit zu unterstützen und um direkter mit dem Pferderücken kommunizieren zu können, wenn man die Länge der Tritte bestimmen möchte.
- ▷ Mit der HAND wird der Schwung, der durch die Schenkelhilfe erzeugt wurde, eingefangen, um dem Pferd einen Rahmen vorzugeben, in dem es arbeiten soll, und um die Richtung der Vorderhand und die Stellung zu bestimmen.

Man muss nur zwei Dinge mit seinen Hilfen bewirken können: »bitten« und »korrigieren«; um dabei jedoch effektiv zu sein, benötigt man einen guten Sitz.

Ein gut ausgebildetes Pferd kennt das unterschiedliche Zusammenwirken der einzelnen Hilfen und reagiert sofort auf sie. Dadurch kann der Reiter Geschwindigkeit, Rhythmus, Vorwärtsbewegung, Längsbiegung und Länge der Tritte kontrollieren. Ein guter Reiter weiß nicht nur, wie die unterschiedlichen Hilfen für verschiedene Lektionen zusammenwirken müssen, er hat auch die Kontrolle über seine Hände, Schenkel, sein Gesäß und seinen ganzen Körper, so dass er die Hilfen korrekt anwenden kann, um das Pferd zu kontrollieren und sich ihm verständlich zu machen!

Man muss nur zwei Dinge mit seinen Hilfen bewirken können: »bitten« und »korrigieren«, um dabei jedoch effektiv zu sein, benötigt man einen guten Sitz (siehe Kavallerieeskapaden Seite 94).

VEREINBARKEIT

Wenn Ihnen die Einhaltung des korrekten Sitzes Mühe bereitet, bedenken Sie, dass dazu immer zwei gehören! Das Pferd hat seine eigenen Vorlieben und wird versuchen sie dementsprechend »umzusetzen«.
Der Pferderücken bewegt sich auf drei Ebenen – horizontal (rückwärts und vorwärts), vertikal (nach oben und unten) und lateral (von einer Seite zur anderen). Sie sollten versuchen, den Bewegungen des Pferdes auf allen drei Ebenen zu folgen, dabei sollte das Pferd sie jedoch auch unterstützen. Sie müssen es dazu auffordern, sich so zu bewegen, dass es mit Ihrem Sitz konform ist und sich nicht einfach seinen Bewegungen anpassen, bis Sie einen Kompromiss erzielt haben. Es wird sich auf die für sich angenehmste Art bewegen und versuchen, Sie dementsprechend »hinzusetzen«. Ein gutes Beispiel hierfür ist das einseitige Pferd, das sich das Leben leichter machen möchte, indem es den Reiter stets auf demselben Fuß leichttraben lässt, oder immer mit demselben Bein angaloppiert. Da das auch für den Reiter im Allgemeinen wesentlich angenehmer ist, lässt er dies dem Pferd oftmals durchgehen. Ja, vielleicht merkt er nicht einmal, was das Pferd eigentlich macht. Je stabiler der Sitz ist, desto besser kann man sich gegen diesen »Angriff« des Pferdes wehren.
Wenn Sie ein Pferd haben, das Sie auf eine Seite setzt oder immer auf einem bestimmten Fuß angaloppieren möchte, sollten Sie zur Arbeit an der Doppellonge zurückkehren, dabei seine Bewegungen beobachten, die Ungereimtheiten identifizieren und korrigieren (siehe auch Seite 140).

DAS ERLERNEN EINES GUTEN SITZES

Das Gesäß ist die »Kommandostelle« von der alle anderen Hilfen ausgehen. Ein unabhängiger Sitz versetzt Sie in die Lage, sich über dem Schwerpunkt des Pferdes in allen drei Gangarten auszubalancieren, ohne dabei zu klemmen und mit dem Pferd harmonisch mitzugehen, ohne es dabei zu stören. Ohne einen unabhängigen Sitz können Sie dem Pferd nicht klarmachen, was richtig und falsch ist. Es geht weniger darum, die richtigen Hilfen zu geben, als unbeabsichtigt Hilfen zu geben! Denken sie daran, ein Pferd reagiert auf Druck, wenn es ihn spürt. Es fragt sich nicht, ob Sie das eigentlich auch so gemeint haben!

Die Erlernung eines guten Sitzes ist eine der schwierigsten Aufgaben für einen Reiter; es kann Jahre dauern, erwarten Sie also nicht sofort einen Erfolg! Ihr Reitlehrer kann Sie noch so oft auffordern »tief zu sitzen« oder »eine gerade Linie vom Ohr, über die Schulter, Hüfte und Absatz zu bilden«, Sie werden dies erst befolgen können, wenn Selbstvertrauen, Gleichgewicht, Koordination und Gefühl genügend entwickelt sind. Die glücklichen Reiter, die scheinbar von »Natur aus begabt sind«, besitzen nicht unbedingt magische Kräfte oder gottgegebene Fähigkeiten. Sie haben wahrscheinlich bestimmte biomechanische Vorteile, die es ihnen erleichtern, den korrekten Sitz beizubehalten, wie lange schlanke Beine, die sie eng ans Pferd anlegen können und einige angeborene Eigenschaften, wie ein gutes Gleichgewichtsgefühl und Koordinationsvermögen. Einen guten Sitz kann man jedoch erlernen, wenn man es richtig angeht.

KAVALLERIEESKAPADEN

Als ich die Rekruten der Household Cavalry unterrichtete, hatten die meisten noch nie ein Pferd aus der Nähe gesehen, geschweige denn, eines geritten. In nur 20 Wochen mussten wir sie zu Reitern ausbilden, die bei offiziellen Anlässen ihre Aufgabe erfüllen konnten, was vornehmlich im ausgesessenen Trab geschehen musste. Jeden Samstag fand eine so genannte »Deckenreitstunde« statt, in der die Rekruten ohne Sattel auf einer mit einem Gurt befestigten, zusammengefalteten Decke reiten mussten.

Die ersten Wochen landeten die Rekruten meistens auf dem Boden, während ich mich vor Lachen bog. Die erfahrenen Kavalleriepferde hatten durchaus Sinn für Humor; jeden Samstagmorgen konnte man das Aufleuchten in ihren Augen sehen, als die Rekruten um die Ecke kamen. Mit der Zeit lernten sie jedoch, wie angeklebt zu sitzen und die größten Fortschritte wurden zwischen der Samstagsreitstunde und Montagmorgen erzielt. Sie mussten lernen, sich auszubalancieren, ihre Bewegungen zu koordinieren und einen tieferen Sitz zu entwickeln, um nicht herunterzufallen. Probieren Sie das ruhig selbst einmal aus, vorausgesetzt es steht Ihnen ein ruhiges Pferd und eine geschlossene Reitbahn zur Verfügung. Natürlich darf man dabei nicht leichtsinnig sein und dies nicht mit einem jungen oder schwierigen Pferd probieren. Das Ziel ist, sich zu verbessern, nicht herunterzufallen. Sie können natürlich auch ein paar Longenstunden in einer guten Reitschule nehmen.

ENTWICKLUNG VON FEINGEFÜHL

Warum schreien, wenn man flüstern kann? Erwartet man vom Pferd eine feine Reaktion, so müssen auch die Kommandos entsprechend ausfallen. Selbst wenn Sie damit rechnen, dass es nicht auf einen leichten Schenkeldruck reagieren wird, besteht immer die Aussicht, dass es dies doch tut. Wenn Sie es sofort mit rohen Hilfen überfallen, wird es auf feinere Hilfen nicht mehr reagieren, und die Chance auf eine harmonische Zusammenarbeit schwindet. Es hat keinen Sinn, dem Pferd die Schuld zu geben, der Mensch hat den überlegeneren Verstand.

Bevor eine feine Hilfengebung möglich ist, muss das Pferd vorwärts gehen und auf uns reagieren. Man kann nicht versuchen, feiner zu werden, solange das Pferd keine Notiz von uns nimmt. Während wir natürlich darauf abzielen, so feine Hilfen wie möglich einzusetzen, müssen wir mitunter sehr klare Kommandos geben, bis das Pferd unsere Absicht begriffen hat. Sobald das Pferd auf deutliche Hilfen reagiert, kann man feiner werden.

IST DAS PFERD GEGEN DEN SCHENKEL ABGESTUMPFT?

Denken Sie an ein altes Schulpferd, das jeden Tag Reiter tragen muss, die mit den Absätzen gegen seinen Bauch trommeln. Wird es deswegen schneller? Sicher nicht. Und doch wird dasselbe Pferd zucken, wenn eine Fliege auf seinem Fell landet. Also liegt es nicht an seinen Nervenenden, die einfach gegen die trommelnden Schenkel abgestumpft sind. In dieser Situation müssen wir das Pferd mit einem neuen Reiz sensibilisieren.

Bei einem Pferd, das nicht am Bein vorwärts geht, verwende ich ein so genanntes »Wip-Wop«, auch »Drunter und Drüber« genannt (siehe gegenüberliegende Seite). Ein Wip-Wop unterscheidet sich von einer Gerte dahingehend, dass es nicht einseitig ist; man kann es über den Widerrist bis hinter den Schenkel von einer Seite zur anderen schnalzen. Erinnern Sie sich, wie die Cowboys in den alten Westernfilmen aus der Stadt geritten sind und dabei die Zügelenden von einer Seite zur anderen über den Widerrist des Pferdes geschwungen haben. Das sollte nicht die Leute beeindrucken, sondern das Pferd zum Vorwärtsgehen anregen – es entsteht eine Art psychologischer Druck.

Damit das Wip-Wop effektiv ist, muss es zur Verstärkung der normalen Hilfen eingesetzt werden, und die Anwendung muss sofort eingestellt werden, wenn das Pferd vorwärts geht. Fordern Sie zum Beispiel das Pferd mit dem Schenkel auf, aus dem Halten anzutreten (wobei Sie die Schenkelhilfe so gering dosieren sollten, wie sie letztendlich auch ausfallen sollte). Reagiert es nicht darauf, dann nehmen Sie das Wip-Wop zu Hilfe, anstatt die Schenkelhilfe zu verstärken. Sobald eine Reaktion erfolgt, stellen Sie den Gebrauch ein. Manche Pferde reagieren sehr schnell darauf, und es bedarf nur weniger Versuche, bis sie bei der ersten Aufforderung vorwärts gehen, bei anderen braucht es etwas länger. Sie werden an einen Punkt kommen, bei dem es ausreicht, den Arm, der das Wip-Wop hält, anzuheben, um das Pferd zur Beschleunigung der Gangart aufzufordern, wenn es beispielsweise im Arbeitstrab nach und nach langsamer wird. Auf diese Weise erreichen wir Feingefühl.

VERFEINERUNG DER HILFENGEBUNG

Immer wenn wir eine Hilfe geben, müssen wir die Reaktion des Pferdes überprüfen, um sicherzustellen, dass wir nur so viel Druck ausüben, um gerade noch effektiv zu sein. Auf diese Weise kann man die Hilfengebung verfeinern und sich mit dem Pferd auf immer subtilere Art verständigen, was für beide angenehmer ist. Ein gut ausgebildetes Pferd reagiert weniger auf die eigentlichen Hilfen als

ERFOLGREICHES ARBEITEN MIT DEM WIP-WOP

Nehmen Sie einen alten Führstrick, entfernen den Karabiner, nehmen das Seil doppelt und machen einen Knoten ins Seilende, so dass eine Schlaufe entsteht (links). Streifen Sie diese über das Handgelenk, um das Wip-Wop bei Bedarf einsetzen zu können (im Gegensatz zur Gerte ist das bei einem Wip-Wop unbedenklich). Gewöhnen Sie das Pferd in einem sicheren Umfeld an das Wip-Wop, beispielsweise in einer Reitbahn, Reithalle oder einem eingezäunten Paddock. Beim ersten Versuch kann es passieren, dass selbst das ruhigste Pferd plötzlich vorwärts schießt – seien Sie darauf vorbereitet und lassen Sie die Zügel etwas länger, damit Sie dem Pferd nichts ins Maul reißen.Fällt Ihnen die Bewegung schwer, üben Sie sie zu Hause auf einem Stuhl. Halten Sie das Wip-Wop in der Hand, die Schlaufe bleibt um das Handgelenk geschlungen; versuchen Sie jedoch nicht, es wie eine Gerte einzusetzen – das wird nicht funktionieren. Schwingen Sie es in einem Bogen über den Widerrist hinter den Schenkel vorwärts und rückwärts oder von einer Seite zur anderen.

KÖNNEN SIE DELEGIEREN?

Sie behindern den Fortschritt, wenn Sie dem Pferd nicht die Chance geben, seine eigenen Entscheidungen zu treffen. Können Sie mit Bestimmtheit sagen, dass das Folgende auf Sie nicht zutrifft?

- *Sie »nörgeln« mit Ihren Hilfen ständig am Pferd herum, so dass das Pferd nie die Chance bekommt, die Initiative zu ergreifen.*
- *Sie weigern sich, dem Pferd für grundlegende Dinge, wie Rhythmus, Schwung, Rahmen und Richtung die Verantwortung zu übertragen, d.h., Sie wirken zu stark ein.*
- *Sie haben das Gefühl, nicht delegieren zu können, da Sie befürchten, dass die Grundlagen vielleicht doch nicht so solide sind, wie sie sein sollten.*
- *Sie glauben, zu delegieren, tun dies tatsächlich jedoch keineswegs!*

VERANTWORTUNG ÜBERTRAGEN

Wenn Kinder heranwachsen, müssen die Eltern Ihnen die Freiheit geben, ihre eigenen Entscheidungen zu treffen, selbst wenn Sie insgeheim befürchten, dass das Kind Fehler machen könnte, ansonsten werden sie ihr Leben lang unselbstständig bleiben. Genauso kommt auch der Zeitpunkt, ab dem man dem Pferd langsam mehr Eigenverantwortung übertragen muss (siehe linker Rahmen). Nach einer gewissen Ausbildungszeit, muss es selbst für die Grundlagen verantwortlich sein, d.h. Rhythmus, Schwung, Rahmen und vorgegebene Richtung selbstständig

auf die Signale, die ihnen vorangehen – darum sind bei einem guten Reiter die Hilfen oft unsichtbar, es scheint als säße er bewegungslos auf dem Pferd!

Stellen Sie sich vor, jemand bittet Sie um etwas. Wie würden Sie sich das wünschen? Genauso sollten Sie sich mit Ihrem Pferd verständigen. Würde jemand auf Sie zukommen und schreien »bringen Sie mir sofort eine Tasse Tee«, wäre Ihr Verhalten demjenigen gegenüber (und Ihre Bereitschaft, ihm überhaupt einen Tee zu bringen) sicher sehr negativ. Selbst wenn Sie seinem Wunsch nachkämen, geschähe das nicht mit freundlichen Gefühlen. Zudem erwarteten Sie, dass das Meckern aufhört, sobald Sie mit der Zubereitung des Tees beginnen. Beim Servieren würden Sie einen Dank erwarten, selbst wenn die Zubereitung des Tees nicht genau den Vorstellungen dieser Person entsprechen würde. Auch einer Bitte nach etwas mehr Zucker würden Sie sicher nachkommen, vorausgesetzt der Wunsch wird freundlich zum Ausdruck gebracht. Wenn Ihnen jemand wirklich am Herzen liegt, empfinden Sie selbst, ob diese Person gerne eine Tasse Tee hätte, und Sie stellen bereits das Wasser auf und holen die Lieblingstasse heraus, noch bevor Sie darum gebeten werden.

beibehalten, damit sich der Reiter auf das nächste Stadium konzentrieren kann. Es ist wie bei einem Komponisten, der zunächst einmal die Grundmelodie zu Papier bringen und die Musiker damit vertraut machen muss, bevor er Feinheiten wie mehr Ausdruck oder unterschiedliches Timing verlangen kann. Ohne solide Grundlagen, wird Reiten nicht zur Kunst.

Um ein motiviertes und mitdenkendes Pferd zu erhalten, muss man bereit sein, das Pferd beweisen zu lassen, dass es Lösungen selbstständig erarbeiten kann. Korrekte Bodenarbeit versetzt das Pferd in die Lage, Eigenverantwortung zu übernehmen. Nehmen wir als Beispiel ein Pferd, das nicht vorwärts gehen will. Wenn es auf das Wip-Wop reagiert, wäre es unfair, es jedes Mal gleich einzusetzen. Es ist fairer, es zunächst mit dem Schenkel aufzufordern und ihm die Chance zu geben, richtig zu reagieren. Erst wenn es der Aufforderung nicht nachkommt, sollte es mit Hilfe des Wip-Wops korrigiert werden. Wenn Sie keine Fehler zulassen, wird das Pferd nie etwas lernen. Und lassen Sie es in Ruhe, sobald es weiß, was gemeint ist: Es gibt nichts Kränkenderes, als für eine Aufgabe, auf die Sie sich monatelang vorbereitet haben, die Verantwortung zu übernehmen, um dann ständig darauf hingewiesen zu werden, dass Sie alles falsch machen. Wenn Sie keine Fehler zulassen, wird das Pferd nie etwas lernen.

WER IST VERANTWORTLICH?

Aus Erfahrung hat Troy gelernt, dass es keinen Sinn macht, auf immer stärker werdenden Druck zu reagieren. Es bedarf sorgfältiger Bodenarbeit, um ihm klarzumachen, dass er sofort belohnt wird, wenn er auf eine Aufforderung reagiert.

Wenn Sie dem Pferd nicht erlauben, Fehler zu machen, wird es nie etwas lernen. Und lassen Sie es in Ruhe, sobald es weiß, was gemeint ist ...

DER RICHTIGE ZEITPUNKT

Das ist ein weiterer wesentlicher Punkt, um das nötige Feingefühl zu entwickeln und um den guten Willen und die Leistungsbereitschaft des Pferdes zu erhalten. Egal, wie verwirrend oder frustrierend Ihnen die Sache erscheint, eine logische und faire Ausbildungsmethode geht immer nach dem Schema von Druck, Reaktion und Lösen des Drucks vor.

Wenn das Pferd korrekt auf Ihre Hilfen reagiert, muss es durch sofortiges Lösen des Drucks belohnt werden; so erhält es die Bestätigung, dass seine Reaktion richtig war.

Man kann das Pferd auf feine Signale abstimmen. Probleme treten dann auf, wenn Sie die Signale nicht mehr mit einer Belohnung koppeln; das führt zu einem Abbruch des Lernprozesses. Für das Pferd ist das, als würden Sie Ihren Teil der Abmachung nicht einhalten, womit es recht hat. Das soll nicht heißen, dass Sie es jedes Mal mit Karotten füttern sollen, wenn es Ihrem Willen folgt: Genau wie Sie Ihre Hilfen zu ganz subtilen Signalen verfeinern, können Sie auch Ihre Belohnungen auf ein leises Flüstern oder ein Nachgeben mit der Hand reduzieren. Stellen Sie sich jedes Mal, wenn Sie von Ihrem Pferd etwas verlangen, die gleiche Frage, die sich Ihr Pferd stellen wird – was habe ich davon? Die Antwort lautet, entweder die Beseitigung eines Negativ-Faktors (zum Beispiel das Lösen des Drucks) oder das Hinzukommen eines positiven Faktors (zum Beispiel ein Streicheln oder ein verbales Lob). Sowohl negative wie auch positive Bestätigung sind effektive Mittel, um beim Pferd das Verständnis für feinste Signale zu fördern. »Strafe« gehört nie dazu, sie ist kein effektives Mittel bei der Ausbildung von Pferden.

WIE STELLEN WIR EINE ANLEHNUNG HER?

Die »Hände-hoch«-Übung. Nimmt das Pferd den Kopf nach oben, senkt der Reiter automatisch seine Hände. Es macht jedoch eigentlich mehr Sinn, die Hände hochzunehmen, um der Bewegung des Pferdekopfs zu folgen. Lesen Sie noch einmal »Das Prinzip der Anlehnung«, (Seite 92).

1 Stellen Sie sich vor, aus jedem Knie käme ein schmieriger Stab heraus, der vor Ihnen gerade nach oben führte, und Sie würden mit den Händen an diesem schmierigen Stab nach oben entlangfahren (so dass der Druck nach oben, nicht nach hinten wirkt). Behalten Sie einen konstanten Druck bei und lösen Sie ihn, wenn Sie fühlen, dass das Pferd das Gebiss nach unten nimmt. Somit lernt das Pferd, dass eine korrekte Haltung von Kopf und Hals wesentlich angenehmer ist. Wiederholen Sie diesen Vorgang jedes Mal, wenn es den Kopf wieder nach oben nimmt. Mit der Zeit wird es genügen, den Zügel einfach wie einen Schwamm auszudrücken. Dadurch wird außerdem verhindert, dass sich eine falsche Muskulatur am Hals aufbaut.

2 Führen Sie diese Übung im Halten durch, bis die Reaktion des Pferdes automatisch erfolgt: Sie nehmen die Hände hoch, und das Pferd senkt den Kopf. Diese Übung ergänzt die Bodenarbeit, die zu einem klaren Verständnis von Druck und Entspannung bei der im Bild gezeigten Stute geführt hat (siehe auch Seite 64–65). Denken Sie daran, das Pferd ist am nachdrücklichsten davon beeindruckt, wie schnell der Druck wieder nachlässt, nicht wie rasch Sie ihn ausüben. Selbst wenn es den Kopf nur ein paar Zentimeter herunternimmt, müssen sie den Druck lösen. Das ist seine Belohnung; damit diese Ausbildungsmethode funktionieren kann, muss das Pferd wissen, dass es einen Vorteil davon hat.

... Wie Sie die Reaktion auf die Zügelhilfen verbessern können

Dies ist eine weitere Übung, um zu überprüfen, ob das Pferd auf Druck reagiert und sich nicht gegen das Gebiss wehrt. Es ist außerdem eine hervorragende Übung, weil dadurch vor dem Arbeiten die Rückenwirbel gedehnt werden.

Dehnung des Halses. Üben Sie gerade so viel Druck aus, damit das Pferd seinen Kopf so weit wie möglich zu Ihnen herumdreht, ohne dabei Schmerzen zu empfinden. Üben Sie dabei Druck nach oben, nicht nach hinten aus. Anfangs denkt Ihr Pferd wahrscheinlich, dass es auf einen Kreisbogen abwenden soll, verwirren Sie es also nicht, indem Sie den Schenkel ruhig anliegen lassen. Üben Sie einen stetigen, gleichmäßigen Druck auf den Zügel aus, bis es aufhört, den Kopf zu drehen, streicheln Sie dann seine Stirn und lösen den Druck wieder. Wiederholen Sie das Ganze, bis es mit dem Kopf Ihr Knie berührt, ohne dabei loszulaufen – streicheln Sie wiederum seine Stirn und lösen Sie den Druck, sobald es Ihnen den Kopf zuwendet. Denken Sie daran, das Pferd ist anfänglich vielleicht noch nicht in der Lage, den Kopf ganz herumzunehmen, es muss erst geschmeidiger werden.

Wiederholungen sind wichtig. Nutzen Sie jede Gelegenheit, dem Pferd immer wieder klarzumachen, dass es auf jede Art von Druck, egal woher er kommt, nachgeben oder sich von ihm wegbewegen muss.

Effektiv ausbilden

Wie bei jeder Art von Ausbildung ist es wichtig, sich an einen Lehrplan zu halten, damit sie (oder zukünftige Reiter) eine solide Grundlage erhalten, auf der Sie aufbauen können. Wenn sie einen logischen Weg der Weiterentwicklung einschlagen, macht es auch nichts aus, wenn Sie einmal etwas davon abweichen oder einen Rückschlag erleiden – das gehört zum Leben mit Pferden dazu und sollte Sie nicht von Ihren Zielen abbringen. Die meisten Menschen setzen sich zum Ziel, Fortschritte bei der Verständigung, Versammlung und dem Gehorsam zu erzielen, denn diese Dinge machen ein sicheres und angenehm zu reitendes Pferd aus, unabhängig davon, ob man an Turnieren teilnehmen möchte oder nicht.

Der Lehrplan muss Übungen zur Verbesserung der physischen und psychischen Fähigkeiten enthalten. Korrekt ausgeführt tragen Sie dazu bei, dass sich das Pferd in einem biomechanisch korrekten Rahmen (siehe Seite 58) bewegt; sie sind sowohl ein Hilfsmittel als auch ein Prüfstein. Wir reiten Lektionen, weil wir darin bestimmte Fähigkeiten abfragen möchten. Wir überprüfen nicht nur den Leistungsstand des Pferdes, um zu sehen, ob unsere Anforderungen auch fair und angemessen sind, das Reiten von Lektionen, die mit der Zeit immer präziser ausgeführt werden, fördert auch die mentale und physische Fähigkeit des Pferdes, seine Aufgabe zu erfüllen.

WELCHE ÜBUNGEN SIND SINNVOLL?

In der Reiterei gibt es viele Spezialausdrücke, die den Außenstehenden verwirren, den Pferden ist es jedoch egal, wie eine bestimmte Lektion genannt wird, solange Sie logisch aufgebaut ist und verständliche Hilfen gegeben werden.

Alle Lektionen sind aus geraden und gebogenen Linien zusammengesetzt, die die Kontrolle des Reiters, seine Koordination und Genauigkeit der Hilfen sowie den Gehorsam, das Verständnis und die körperliche Geschicklichkeit des Pferdes überprüfen sollen. Bei allen Lektionen ist das Wichtigste die korrekte Ausführung, außerdem gilt, je abwechslungsreicher, desto besser. Das Ziel ist, die Kontrolle über die Vorwärts- und Seitwärtsbewegung des Pferdes zu erlangen, erforderlich für Übergänge und Seitengänge. Das Pferd soll sich in korrekter Selbsthaltung vorwärts und seitwärts im Gleichgewicht bewegen. Zunächst müssen die einzelnen Schritte und Bewegungen langsam erlernt werden. Wenn Pferd und Reiter genügend Selbstvertrauen und die nötige Koordination entwickelt haben, kann man das Ganze auch in höheren Gangarten ausführen, wodurch es mehr Spaß machen wird und die Kondition verbessert.

DAS AUSBILDUNGSPROGRAMM

Beziehen Sie die unten aufgeführten Lektionen in Ihr Ausbildungsprogramm mit ein, reiten Sie jedoch nicht jedes Mal alle Übungen.

- *Übergänge – von einer Gangart zur anderen oder innerhalb einer Gangart*
- *Zirkel verkleinern und vergrößern, Volten*
- *Gerade Linien*
- *Tritte verkürzen und verlängern*
- *Handwechsel*
- *Seitengänge*

Abgesehen von der 10-minütigen Aufwärmphase und der 10-minütigen Schrittphase zum Schluss, empfehle ich, nicht länger als 20 Minuten täglich zu arbeiten. Nehmen Sie sich für jede Trainingseinheit etwas Bestimmtes vor. Denken Sie daran, nicht »Übung macht perfekt«, sondern »perfekte Übung macht perfekt«, zögern Sie auch nicht, Hilfe in Anspruch zu nehmen, wenn Sie sich nicht sicher sind (selbst Spitzenreiter haben Trainer). Trainieren Sie nicht immer am selben Ort. Den Pferden wird die Bahn schnell überdrüssig, wenn möglich reiten Sie auch einmal auf einer Wiese oder beziehen einen Ausritt in die Arbeit mit ein. Entwerfen Sie einmal pro Monat Ihre eigene, ca. 10 Minuten dauernde Dressurprüfung, in der die bisher gelernten Lektionen abgefragt werden.

ÜBERPRÜFUNG DER KONTROLLE ÜBER DIE VORWÄRTS- UND SEITWÄRTSBEWEGUNGEN

- *Selbsthaltung – das Pferd darf sich nicht hohl machen (über dem Zügel), zu eng im Hals werden (hinter dem Zügel) oder sich auf die Hand legen.*
- *Geraderichten – das Pferd muss gerade gerichtet sein, d.h. die Hinterhufe fußen in die Spuren der Vorderhufe. Verwirft es sich dabei im Nacken oder Hals?*
- *Wenn Sie mit der Hand vorgehen, muss das Pferd die Tritte verlängern, ohne davonzulaufen oder ungenügend unterzutreten.*

ÜBERGÄNGE UND SELBSTHALTUNG

Selbsthaltung wird wahrscheinlich am meisten durch das Reiten von Übergängen gefördert, denn sie haben den größten gymnastizierenden Effekt, wenn das Pferd seinen Körper dabei korrekt einsetzt. Oftmals machen Reiter den Fehler, Runde für Runde in der gleichen Gangart zu reiten, froh darüber, den Übergang hinter sich gebracht zu haben. Das trägt nicht gerade zur Gymnastizierung bei, sondern zeigt vielmehr, wie man sich durch mangelhafte Praxis noch verschlechtert, anstatt durch perfekte Übung perfekt zu werden!

Sinn und Zweck von Übergängen

- Durch sie wird das Pferd aufmerksamer und reagiert besser auf die Hilfen.
- Sie überprüfen Koordination und Hilfengebung des Reiters.
- Die körperliche Anforderung, die mit einem Wechsel der Gangart verbunden ist, veranlasst das Pferd, die Hinterhand zu aktivieren und weiter unterzutreten und somit mehr Gewicht aufzunehmen (Versammlung), dadurch senkt sich die Hinterhand und das Pferd richtet sich vorne mehr auf.

Dieser Effekt kommt jedoch nur zustande, wenn der Übergang korrekt ausgeführt wird.

Übergänge in eine höhere Gangart

Das Pferd kann den Übergang in eine höhere Gangart auf drei verschiedene Arten ausführen:

- Indem es vollkommen im Gleichgewicht mit der Hinterhand schwungvoll untertritt.
- Indem es auf die Vorhand fällt, weil es sich nicht mehr im Gleichgewicht befindet.
- Indem es auf der Vorhand vorwärts geht.

Nur die erste Art und Weise ist korrekt, bei der das Pferd ausbalanciert, bei konstanter Anlehnung in Selbsthaltung mit der Hinterhand untertritt.

Übergänge in eine niedrigere Gangart

Das Pferd kann den Übergang in eine niedrigere Gangart auf drei verschiedene Arten ausführen:

- Indem es unter Beibehaltung seines Gleichgewichts allmählich mehr Gewicht mit der Hinterhand aufnimmt.
- Indem es auf die Vorhand fällt.
- Indem es abrupt die Vorwärtsbewegung einstellt.

Nur die erste Art und Weise ist korrekt, bei der das Pferd seinen Schwerpunkt auf die Hinterhand verlagert, sich selbst trägt und in der Anlehnung konstant bleibt.

Übergänge innerhalb einer Gangart

Mit diesen Lektionen möchte man erreichen, dass das Pferd seinen Schwerpunkt auf die Hinterhand verlagert, und die Gänge ausdrucksvoller werden, indem die Tritte länger oder erhabener werden.

DIE GESCHLOSSENE HAND

Für gewöhnlich übt die geschlossene Hand einen gleichmäßigen, konstanten Druck aus, um die Richtung zu kontrollieren. Will man das Pferd nach links abwenden, wird der rechte Zügel am Hals angenommen, jedoch nicht über den Widerrist geführt (denken Sie daran, Sie haben dem Pferd beigebracht, sich vom Druck wegzubewegen, egal, woher er kommt) und der linke Zügel etwa vom Hals weggeführt; es müssen klare Signale sein. Sobald das Pferd versteht, was man erreichen will, kann man die Hilfen allmählich verfeinern, bis es ausreicht, den Zügel lediglich wie einen Schwamm auszudrücken. (Siehe auch »Korridor der Hilfen«, Seite 102–103) Obwohl dieses Pferd gut auf die Hilfen der Reiterin reagiert, liegt es etwas auf der Hand.

KORRIDOR DER HILFEN

Sie machen sich und Ihrem Pferd das Leben leichter, wenn Sie Hilfen anwenden, die für das Pferd logisch sind – Hilfen, die auf die Natur oder den Instinkt des Pferdes ausgerichtet sind. Ein Fluchttier wird immer auf die nächste Öffnung zugehen, dies bedeutet im übertragenen Sinne keine offene Tür, sondern dorthin, wo es das Gefühl hat, dem durch die Hilfen entstandenen Druck ausweichen zu können.

Stellen Sie sich den Pferdekörper von oben als Korridor vor; neben jedem Bein befindet sich eine Türöffnung nach draußen – die Türen sind Ihre Schenkel, Ihr Gesäß und Ihre Hände. Fordern Sie das Pferd zum Antreten auf, dann müssen Sie ihm »die Tür im Korridor öffnen«, damit es auch durchmarschieren kann. Darum ist es wichtig, die Vorwärtsbewegung mit den Händen auch zuzulassen, wenn man mit dem Schenkel treibt.

Wir bewegen die Hinterhand (links). Möchte man, dass das Pferd mit der Hinterhand nach rechts tritt, muss man zunächst die Tür öffnen, die sie im Korridor hält (mit dem rechten Schenkel), und das linke Hinterbein (mit dem linken Schenkel) freundlich dazu auffordern, durch die Öffnung hindurchzutreten. Die Hände bleiben geschlossen, um die Vorhand im Korridor zu halten.

Wir bewegen die Vorhand (oben). Um die rechte Schulter zu bewegen, müssen wir zunächst die entsprechende Tür öffnen (mit der rechten Hand), und die linke Schulter zum Hindurchtreten auffordern. Denken Sie dran, zuerst muss immer die Tür geöffnet werden, um die geforderte Bewegung auch zuzulassen, ansonsten wäre es, wie wenn wir vom Pferd verlangen würden, mit dem Kopf gegen die Wand zu laufen!

SEITENGÄNGE

Wenn Sie die Übungen für die Bodenarbeit mit Geduld und Konsequenz absolviert haben, sollten Sie bereits ein hohes Maß an Gehorsam und Können bei der Ausführung der Seitengänge erreicht haben. Das erleichtert Reiter und Pferd später die Arbeit unter dem Sattel.

Seitengänge sind äußerst wichtig, durch sie können Koordination und Verständnis der Hilfen bei Reiter und Pferd überprüft werden. Ferner helfen Sie dem Pferd, sich auszubalancieren und fördern Kraft und Geschmeidigkeit, wodurch es freier in seinen Bewegungen wird. Da beide Seiten dadurch unabhängig voneinander gleichermaßen bearbeitet werden, wirken wir Einseitigkeit und Schiefe entgegen und tragen dazu bei, dass beide Hälften des Pferdes zu einer Einheit werden. Der wichtigste Punkt ist, dass durch sie die Kontrolle des Reiters verstärkt wird. In den Seitengängen kontrolliert der Reiter die Vorhand. Es ist keineswegs einfach eine spektakuläre Lektion für Turnierreiter, vielmehr ist die Kontrolle der Vorhand der Schlüssel für viele Probleme, wie Kleben, Scheuen und Verweigern. In 80 Prozent der Fälle entzieht sich das Pferd mit der Vorhand.

DAS PFERD, EIN LEBEWESEN MIT ZWEI SEITEN

Beim Reiten lernen wir schon früh, dass das Pferd eine Vorliebe für eine

KONTROLLE ÜBER DIE VORHAND

Durch die Arbeit auf dem Zirkel lernt das Pferd, dass ich es bin, der Bewegung und Richtung der Vorhand kontrolliert. Man kann ein Pferd nur gerade richten, wenn es gelingt, die Vorhand auf die Hinterhand einzustellen. Ist der Reiter dazu in der Lage, ist das ein wichtiger Schritt, um Unarten durch Entziehung vorzubeugen (siehe auch Seite 140–141).
Um beim Reiten die Vorhand zu kontrollieren, wird der Zügel geöffnet und geschlossen (siehe Seite 101). Fällt das Pferd beispielsweise auf die rechte Schulter, schließt man den rechten Zügel, indem man den Ellbogen an der Taille und den Zügel am Pferdehals anlegt, dann öffnet man den linken Zügel, indem man ihn vom Pferdehals wegführt. So wird das Pferd nach links, also auf die andere Seite, gestellt. Die Vorhand muss nun der Richtung, in die es gestellt ist, folgen, wodurch sie wieder auf die Hinterhand eingestellt wird, das Pferd ist nun wieder gerade gerichtet! Haben wir das erreicht, sollten wir es dabei belassen, bis es wieder mit der Vorhand nach einer Seite ausweichen will. Dann wird der ganze Vorgang wiederholt. Sie werden sehen, dass die Abstände zwischen den Korrekturen immer länger werden. Widerstehen Sie der Versuchung, das Pferd ständig gerade halten zu wollen. Lassen Sie Fehler zu, um Sie dann zu korrigieren. Wenn Sie Ihr Pferd auf diese Weise ausbilden, motivieren Sie es, von sich aus gerade gerichtet zu bleiben, und Sie können sich auf andere Dinge konzentrieren.

bestimmte Seite hat, was auch nicht sonderlich erstaunlich ist. Denken Sie an den Menschen: Ein Rechtshänder kann sich noch so bemühen, mit der linken Hand zu schreiben, es wird ihm nie ganz gelingen. Studien zeigen, dass auch Pferde mindestens im gleichen Ausmaß einseitig veranlagt sind. Zum Beispiel werden mindestens zwei von drei noch nicht ausgebildeten Pferden auf gerader Linie lieber links statt rechts angaloppieren. Die meisten von uns haben diese Erfahrung mit einem noch relativ unausgereiften Pferd selbst schon gemacht: Es bevorzugt eine bestimmte Richtung in der Bahn, einen bestimmten Galopp oder Trabdiagonale. Dieser Einseitigkeit wird auch im Rennsport Rechnung getragen; der Erfolg eines Pferdes kann davon abhängen, ob die Bahn links oder rechts herum führt. Auf einer Rennbahn, auf der gegen den Uhrzeigersinn gelaufen wird, würde das Pferd von Natur aus im Linksgalopp laufen. Ein kluger Jockey lässt das Pferd vielleicht auf der Zielgeraden in den Rechtsgalopp wechseln, um noch relativ wenig ermüdete Muskeln ins Spiel zu bringen. Selbst beim Ausruhen oder Grasen sieht man oft, wie Pferde, unabhängig vom Alter ein bestimmtes Vorderbein mehr belasten. Dabei handelt es sich beinahe immer um das Vorderbein des dominanten diagonalen Beinpaares, meistens das linke, ein Anzeichen für eine hinten rechts/vorne links Dominanz, was auf eine Einseitigkeit nach rechts schließen lässt.

Wie jedoch schon auf (Seite 37–39) erwähnt, ist nicht nur der Pferdekörper einseitig veranlagt, sondern auch das Gehirn. Durch meine Trainingsmethode wird die linke Gehirnhälfte aktiviert; das Pferd wird zum Nachdenken angeregt, was die Ausschüttung von Endorphinen zur Folge hat, die einem instinktiven Adrenalinstoß entgegensteuern. Druckhalfter haben eine ähnliche Wirkung und werden zu einer Art »Wohlfühlumhang«.

Trägt das Pferd ein solches Halfter und ist mit dem Prinzip von Druck und Nachgeben vertraut, weiß es, wie es reagieren muss, die Entscheidung wird ihm abgenommen. Es ist wie bei einer Prüfungssituation, in die man sich gut vorbereitet begibt und beim Studieren der Prüfungsaufgaben sofort gelassen wird, weil man die Fragen versteht und zu beantworten weiß. Als ich mit Rennpferden an den Startmaschinen zu tun hatte, entspannten sich manche schon, sobald sie das Halfter nur fühlten. Sie gähnten und waren mental und emotional ausgeglichen, weil sie wussten ihrer Aufgabe gewachsen zu sein.

EINSEITIGKEIT

Genau wie Menschen Rechts- oder Linkshänder sind, haben auch Pferde eine Vorliebe für eine bestimmte Seite. Selbst beim Grasen oder Ausruhen zieht das Pferd ein Vorderbein dem anderen vor.

Die Entwicklung des Gefühls

Das Gefühl ist der »heilige Gral« der Reiterei! Genau zu wissen, wie die einzelnen Hilfen zu bemessen sind, um ein bestimmtes Resultat bei einem speziellen Pferd zu erzielen, wird als »Gefühl« bezeichnet; das macht letztendlich den begnadeten Reiter aus. Manche Reiter haben von Natur aus mehr »Gefühl« als andere, jeder kann es jedoch entwickeln – ich glaube, es hängt mit der genauen zeitlichen Abstimmung der Hilfen zusammen, gekoppelt mit Erfahrung und Einfühlungsvermögen.

Denken Sie an den Koch, der ein wunderbares Essen zaubern kann, ohne dass er ein Kochbuch braucht, oder die Zutaten genau abwiegen muss. Früher bedurfte es sicherlich stundenlanger Übung, um feine Saucen nach dem Kochbuch zuzubereiten, bis er über das Wissen bezüglich Beschaffenheit, Aussehen, Konsistenz und Geschmack verfügte. Es hat sicherlich auch schreckliche Momente gegeben, in denen Qualm aus dem Ofen kam und nebenan erwartungsvolle Gäste vergeblich auf ihr Essen warteten. Derartige Situationen haben dem Koch gelehrt, Anzeichen für mögliche Probleme schon zu einem viel früheren Zeitpunkt zu erkennen und die Situation zu retten, noch bevor sie eskaliert. Er hatte wahrscheinlich eine Vorliebe für gutes Essen, wusste, was er erreichen wollte und war von dem Wunsch beseelt, sich und andere mit seiner Kochkunst zu erfreuen und dabei Missgeschicke möglichst auszuschließen.

Das sollte bei der Ausbildung unserer Pferde auch unser Ziel sein. Sie werden vielleicht nie ein berühmter Chefkoch werden, doch hat jeder die Begabung, etwas Gutes und Gesundes zu schaffen, das man gerne zu sich nimmt. Wir wollen kein Pferd schaffen, von dem man lediglich sagen kann, dass es »am Zügel geht«, sondern dessen ganzer Körper »an den Hilfen steht«.

Das Ziel ist ein Pferd, das nicht nur »am Zügel geht«, sondern auch sonst an den Hilfen steht.

Häufige Probleme

Wenn sich die gewünschten Resultate nicht einstellen, ist das für gewöhnlich auf einen der folgenden Punkte zurückzuführen:

- Sie üben zu viel Druck aus, so dass das Pferd überreagiert, statt ruhig der Aufforderung nachzukommen.
- Sie üben zu wenig Druck aus, so dass die Hilfe nicht klar ist und vom Pferd einfach ignoriert wird.
- Sie geben sich widersprechende Hilfen, die in einem Mangel an Koordination ihrerseits begründet sind. Ihre Hände sagen »nein«, während Ihre Schenkel »ja« sagen; dadurch wird das Pferd natürlich verwirrt.
- Sie üben weiterhin Druck aus, obwohl das Pferd auf die Hilfe reagiert hat; es erfährt keine Belohnung, also wird es sauer. Um nicht noch mehr frustriert zu werden, passiert es häufig, dass das Pferd gegen die Hilfen abstumpft. Jeder möchte nach Absolvierung einer Aufgabe eine Rückmeldung, sei sie positiver oder negativer Art.
- Ihre Anforderungen entsprechen nicht den Fähigkeiten oder dem Ausbildungsstand des Pferdes. Stellen Sie sich vor, Sie wollen einem Kind das Fußballspielen beibringen. Anfangs stellen Sie die Torpfosten recht weit auseinander, erweitern Sie vielleicht noch, um den Erfolg leichter zu machen. Schafft es das Kind nicht, ein Tor zu schießen, ist es enttäuscht, hat es andererseits ständig Erfolg wird es gleichgültig, und es ist an der Zeit, das Tor schmäler zu machen, um den Schwierigkeitsgrad zu erhöhen.
- Ihre Hilfen sind so uneffektiv, dass das Pferd abschaltet und nicht mehr auf sie reagiert. Zwar muss dem Pferd stets die Chance eingeräumt werden, zunächst einer höflichen Aufforderung zu folgen, ignoriert es diese jedoch, hat man durchaus das Recht, das zweite Mal etwas resoluter nachzuhaken, d.h. ein Wip-Wop einzusetzen oder es energisch mit der Stimme aufzufordern. **Man beachte:** Hierbei ist das Ziel, die Hilfen klarer zu machen und nicht das Pferd zu »bestrafen«. Beispielsweise ist es für das Pferd nicht einsehbar, für das Vorbeilaufen an einem Hindernis mit einem Riss ins Maul oder einem Tritt in die Rippen bestraft zu werden. Ein leichter Schlag auf die Schulter, genau im Moment des Vorbeilaufens, wäre schon eher angebracht.

Denken Sie daran, der Reiter kann Fehler des Pferdes sowohl verhindern wie auch korrigieren. Ein Lernerfolg wird lediglich mit Letzterem erzielt.

Feinheiten

Sobald wir ein gut ausbalanciertes und gehorsames Pferd haben, das nicht nur sofort auf Druck, sondern bereits in Erwartung des Drucks reagiert, steht der Freude am Reiten nichts mehr im Wege! Denken Sie sich verschiedene Übungen aus, um die hier beschriebene Ausbildungsmethode zu testen und Geist und Körper des Pferdes zu stimulieren, so dass eine noch feinere Form der Kommunikation möglich wird. Eines der Kunststücke, dass Pelo gut beherrscht, ist, ohne Trense geritten zu werden. Es ist ein Beweis unseres gegenseitigen Vertrauens und wie wir uns miteinander verständigen können. Er hat das Prinzip von Druck und Entspannung so verinnerlicht, dass wir ohne Trense springen, ausreiten und galoppieren können – in der Tat geht er ohne Trense beinahe besser; vielleicht weil ich als Reiter einfühlsamer agieren muss, und diese feine Form der Verständigung seiner Intelligenz und seinem Charakter entgegenkommt.

Pelo kam als Problempferd zu mir. Er war allem gegenüber äußerst misstrauisch und ließ sich kein Gebiss ins Maul legen; warf sich lieber auf den Boden, als zu tun, was man von ihm wollte. Pelos heutiges Verhalten ist das Resultat von drei Jahren Arbeit: Von ihm habe ich mehr als von jedem anderen Pferd gelernt. Der Erfolg mit ihm hat in mir den Glauben an meine Methoden bekräftigt. Wenn sie bei einem so schwierigen und misstrauischen Tier, wie Pelo es war, funktionieren, haben sie auch bei den meisten anderen Pferden Erfolg! Es zeigt auch, dass man Probleme nicht über Nacht lösen kann, meistens führen Zeit und Geduld zum Erfolg.

DEM DRUCK NACHGEBEN

Ein Strick, der um Pelos Nase geschlungen ist, hat den gleichen Effekt wie ein Gebiss oder eine Trense. Er gibt dem Druck nach und dreht den Kopf.

VORBEREITUNG IST WICHTIG

Hier erinnere ich Pelo daran, was Druck am Hals bedeutet. Es dient der Vorbereitung für das Reiten ohne Trense, dem ultimativen Test für sein Verständnis und meine Ausbildungsmethoden.

DIE NACKTE WAHRHEIT

Ich entdeckte durch Zufall, dass Pelo sich ohne Trense reiten ließ. Eines Tages experimentierte ich für mich selbst etwas in der Bahn herum, man kann sagen, »ich probierte meine eigenen Methoden aus«. Pelo ging sehr schön und mir kam der Gedanke: »Wenn du das ganze Sattelzeug abnimmst, wird die Wahrheit zum Vorschein kommen«. Also entschloss ich mich, dem Pferd das gesamte Sattelzeug, einschließlich der Trense, abzunehmen. Das Resultat war unglaublich. Pelo stand an den Hilfen und ging schwungvoll und ausbalanciert vorwärts. Ja, ich hatte sogar das Gefühl, dass er lieber ohne Trense ging, und bis zum heutigen Tag ist das Reiten und Springen von Pelo ohne Trense ein äußerst wichtiger Teil meiner Vorführungen.

WIR STELLEN DIE VERBINDUNG ZUR ARBEIT UNTER DEM SATTEL HER

Als Teil der Vorbereitung für das Reiten bin ich einen Kompromiss eingegangen – Pelo trägt zwar eine Trense, ich benutze jedoch eigentlich nur Halsriemen und Zügel, um ihn zu lenken, nicht das Gebiss.

PERFEKTES VERSTÄNDNIS DER HILFEN FÜHRT ZU HARMONIE

Wenn es für das Pferd vollkommen selbstverständlich geworden ist, auf Druck nachzugeben, spielt es keine Rolle, woher der Druck kommt. Also entfernen wir alle spürbaren Verbindungen zum Pferdekopf, um zu sehen, was passiert. Ein einfacher Halsriemen genügt, um so viel Druck wie nötig auszuüben, um das Pferd zu lenken, anzuhalten, antreten zu lassen, zu wenden und rückwärts zu richten. Man beachte, dass Pelo in Anlehnung geht und völlig ausbalanciert, kontrolliert und schwungvoll vorwärts tritt – und das ohne Trense! Das ist eine wirkliche Bestätigung für mein vorangegangenes Training. Wir sehen ein Pferd, das sich korrekt selbst trägt, was es in monatelanger Bodenarbeit ohne Reiter gelernt hat.

EIN SPRUNG VORAUS

Meine Arbeit mit Pelo hat dazu geführt, dass wir uns wunderbar verstehen. Die Tatsache, dass wir gefahrlos ohne Trense ein Hindernis überwinden können, zeigt, wie sensibel Pelo auf Druck reagiert, obwohl er einst als richtiges »Problempferd« zu mir gekommen war, der einfach nicht auf die herkömmlichen Ausbildungsmethoden angesprochen hatte.

ANHALTSPUNKTE FÜR DEN ERFOLG

Den Erfolg Ihres Trainings können Sie daran messen, dass sich die Beziehung zu Ihrem Pferd und dessen Einstellung Ihnen gegenüber seit Beginn des Trainings vollkommen verändert hat.

- Das Pferd hat gelernt, Rhythmus, Schwung, Ausrichtung und Selbsthaltung auf einer vorgegebenen Linie in allen Gangarten und Übergängen selbstständig beizubehalten.
- Das Pferd macht einen motivierten und zufriedenen Eindruck.
- Sie können passiv den Bewegungen folgen, weil Sie delegieren können.
- Sie sind in der Lage, feine Hilfen zu geben, die aus unsichtbaren Zeichen anstatt deutlich sichtbaren Signalen bestehen.
- Sie können zur Überprüfung der Selbsthaltung mit der Hand »überstreichen«.
- Ihr Pferd bleibt auch bei Wendungen und Übergängen leicht in der Hand.
- Ihr Pferd folgt willig Ihren Anweisungen, weil es körperlich dazu in der Lage ist.
- Ihr Pferd ist Ihnen vielleicht schon etwas voraus. Anders ausgedrückt, es hat das Teewasser schon aufgestellt, bevor Sie es überhaupt um eine Tasse Tee gebeten haben!

Probleme und Problempferde

Können und Wollen

Probleme bei Pferden kommen niemals von ungefähr, und um sie zu beseitigen, muss man oftmals einfach nur mit Geduld der Sache auf den Grund gehen – nicht die Symptome, die sich für gewöhnlich in Verhaltensproblemen oder Leistungsschwäche äußern, sondern die Ursache ist wichtig. Je geduldiger und toleranter das Pferd ist, desto länger braucht man, um das eigentliche Problem zu ergründen, das das Pferd jahrelang mit seinem Verhalten kompensiert hat.

Verhaltensprobleme äußern sich immer dadurch, dass das Pferd versucht, sich Druck zu entziehen, sei er physischer, mentaler oder emotionaler Art. Es liegt an uns herauszufinden, ob sich das Pferd tatsächlich entzieht, oder ob es einfach nur nach einem Ausweg für seine Situation sucht. Natürlich sind manche Probleme auch auf Misshandlungen und Vernachlässigung zurückzuführen. Das Leben kann jedoch für die vierbeinigen Athleten auch sehr stumpfsinnig sein, wenn sie Tag für Tag dieselbe Arbeit verrichten müssen, oder wenn ihre Haltungsform eher unseren Bedürfnissen als ihren entspricht, oder aber sie haben Schmerzen, die sie uns nicht mitteilen können.

Wie im Verlauf dieses Buches deutlich geworden ist, ziehe ich es vor, und mit mir hoffentlich die meisten Menschen, gutes Benehmen zu belohnen. Auch die Belohnung kann körperlicher, mentaler und emotionaler Art sein. Für das Pferd ist sein »Wohlfühlbereich« nicht unbedingt gleichbedeutend mit einem Streicheln oder einer Karotte, es ist vielmehr auch die Gesellschaft anderer Pferde, die Entfernung des Reitergewichts, das Zurückkehren zu einer körperlich weniger anstrengenden Lektion, das Nachgeben mit der Hand, ja selbst Aufmerksamkeit in unerwarteter Form. Auch wenn man es vielleicht nicht glauben mag, aber manchmal ist das Angebrülltwerden oder das Werfen einer Bürste genau das, was das Pferd erreichen möchte, wenn es gegen die Stalltür tritt.

WIE FÜHLT SICH UNSER PFERD

Es gibt Anzeichen, an denen man die Verfassung des Pferdes erkennen kann, und ein kluger Reiter sollte sie beachten, um herauszufinden, ob sein Verhalten auf Ungehorsam oder Unbehagen zurückzuführen ist. An den Ohren erkennen wir, worauf es sich gerade konzentriert; beim Training sollte mindestens ein Ohr auf den Reiter gerichtet sein. Insbesondere sollten Sie darauf achten, ob sich das Ohr bewegt, wenn eine neue Hilfe gegeben wird und wie lange es dauert, bis daraufhin eine Reaktion erfolgt.

Achten Sie außerdem darauf, ob Lippen und Kinn locker und entspannt, und die Nüstern weich und rund sind, und ob der Schweif unverkrampft getragen wird. Sind in diesen Bereichen Verspannungen vorhanden, werden Fluchthormone freigesetzt, und das Pferd ist körperlich nicht mehr in der Lage, gut mitzuarbeiten.

Grob verallgemeinert gilt: Wenn das Pferd augenscheinlich entspannt ist, während es ungehorsam ist und schon vorher mehrmals damit droht, ist es wahrscheinlich unfolgsam. Tritt dieses Verhalten hingegen plötzlich auf und wird von Anzeichen, die auf

ER WILL NICHT!

Troy ist ein erfahrenes Turnierpferd, der sich mit der Zeit bestimmte Eigenheiten angewöhnt hat; hier entzieht er sich der Anlehnung.

Verspannungen hindeuten, wie eingezogenen Nüstern, einem eingeklemmten Schweif oder einem verkrampften Kinn, begleitet, dann hat es wahrscheinlich Angst oder Schmerzen. Wenn Sie zu sehr auf sich konzentriert sind, werden Sie diese Anzeichen kaum erkennen können, daher sollten Sie jemanden bitten, Ihnen zuzuschauen oder sich auf Video aufnehmen lassen. Noch besser wäre es, mit dem Pferd am Boden zu arbeiten, um zu sehen, ob hier dieselben Probleme auftreten.

Sobald Sie die Anzeichen erkannt haben, müssen Sie der Sache auf den Grund gehen.

PHYSISCHER DRUCK

Unsere Pferde leben unter völlig anderen Bedingungen als Wildpferde. Ihr Futter und ihre körperliche Belastung sind weitgehend unnatürlich. Studien, die mithilfe von an Mustangs angebrachten Funkortungssystemen durchgeführt wurden, zeigten, dass sich Mustangs auf der Suche nach Futter und Wasser durchschnittlich 48–64 km pro Tag fortbewegen. Es gibt viele Untersuchungen, wie sich unsere Haltungsform auf unsere domestizierten Pferde auswirkt. Sie stehen beispielsweise unter größerem Stress, ihre Beine, Füße und Atemwege nehmen Schaden und sie haben einen stärkeren Wurmbefall. Diese gesundheitlichen Probleme können wiederum zu Verhaltensstörungen führen, durch die uns das Pferd eigentlich etwas mitteilen möchte.

Ist keine offensichtliche Wunde, Schwellung, Abschürfung, Wärme oder Lahmheit zu erkennen, sind die Besitzer oft nur schwer davon zu überzeugen, dass ihr Pferd Schmerzen hat. Die überwiegende Mehrheit der Pferde, mit denen ich in Kontakt komme (selbst diejenigen, die keine Probleme machen) können ihr Leistungspotenzial nicht voll ausschöpfen, weil sie ein gewisses Maß an körperlichem Unbehagen verspüren. Die brävsten und gutmütigsten Pferde sind meistens am schlechtesten dran, weil sie in ihrem Bemühen, es dem Menschen recht zu machen, alles tun, was von ihnen verlangt wird. Diejenigen, die als unreitbar in meinem Stall landen, sind für gewöhnlich die sensibleren, die einfach die Arbeit verweigern.

Die deutlichsten Zeichen körperlichen Unbehagens sind Buckeln, Steigen, Durchgehen, Verweigern und

Die überwiegende Mehrheit der Pferde, mit denen ich in Kontakt komme, können ihr Leistungspotenzial nicht voll ausschöpfen, weil sie ein gewisses Maß an körperlichem Unbehagen verspüren.

PASSIVES DEHNEN

Sie tragen zum körperlichen Wohlbefinden Ihres Pferdes durch korrektes Reiten und passive Dehnübungen bei. Dehnübungen erhalten das Pferd geschmeidig und machen auf frühe Warnsignale, wie Unbehagen oder Beeinträchtigungen in den Bewegungen aufmerksam.

Tipps für das Lösen von Problemen

- Versuchen Sie sich in die Lage des Pferdes zu versetzen. Denken Sie über Ihre Vorgehensweise nach und überlegen Sie, was das Pferd Ihnen mitteilen möchte.
- Fangen Sie noch mal von vorne an und versuchen Sie es diesmal auf anderem Weg, dabei dürfen Sie nur nicht die Geduld verlieren. Einige Pferde benötigen Wochen, ja Monate, bis sie auf positive Bestätigung ansprechen und auch das Maß ist unterschiedlich. Verstärken Sie den Druck, bis Sie eine Reaktion erhalten; Sie dürfen dabei jedoch nie so weit gehen, dass das Pferd nicht mehr willig mitarbeitet. Wenn Sie den Druck ungerechtfertigt verstärken, verstärkt sich eventuell auch das unerwünschte Verhalten des Pferdes.
- Achten Sie selbst auf geringste Veränderungen im Verhalten. Unterstützen und führen Sie das Pferd schon in diesem frühen Stadium. Auf diese Weise kommt es zu keiner Eskalation des Problems.
- Gehen Sie logisch vor. Damit sich das Pferd wohl fühlt und in gewünschter Weise reagiert, darf es nur schwarz und weiß, keine Grauzonen geben. Wenn Sie von Anfang an logisch vorgegangen sind, können Sie bei Schwierigkeiten immer auf eine solide Basis zurückgreifen. Sie dürfen die Intelligenz des Pferdes jedoch auch nicht unterschätzen und müssen ihm Aufgaben stellen, die es zum Mitdenken anregen.
- Seien Sie selbstkritisch. Pferde sind im Allgemeinen nicht ungehorsam. Sie tun das, was wir Ihnen unbewusst beigebracht haben. Wenn sich der gewünschte Erfolg nicht einstellt, überprüfen Sie, ob Sie selbst logisch, genau und konsequent vorgegangen sind und jede Reaktion auf Druck auch durch sofortiges Lösen des Drucks belohnt haben.
- Zeigen Sie ihm nicht, »wer der Chef ist«. Sie müssen zwar bestimmt, dabei jedoch nicht aggressiv auftreten, letzteres kann die falschen Signale aussenden. In der Welt der Pferde sind wahre Anführer keine Tyrannen (siehe Seite 27). Machen Sie sich durch beispielhaftes Verhalten zum Anführer, nicht durch Gewalt.
- Seien Sie jeden Tag gleichermaßen konsequent. Hindern sie andere Personen, die mit Ihrem Pferd arbeiten daran, etwas mit ihm anzustellen, wobei es sich nicht wohl fühlt. Stellen Sie sich vor Ihr Pferd!

andere Verhaltensstörungen, die allgemein fälschlicherweise als Rittigkeitsprobleme gedeutet werden. Subtilere Anzeichen sind schwieriger zu interpretieren: Das Pferd steigt nur widerwillig in den Hänger ein, weil ihm die steile Rampe oder das Ausbalancieren im Hänger Schwierigkeiten bereitet, oder es macht Probleme beim Hufschmied, wenn dieser die Gliedmaßen aufhebt und dehnt.

Die Gebiete, die am häufigsten übersehen werden sind Bereiche am Hals, Rücken oder Schweif, die auf die leiseste Berührung empfindlich reagieren; Zucken, Ungeduld oder Unruhe beim Abdecken oder Satteln; vermehrte Nervosität auf einer bestimmten Seite; beeinträchtigte Bewegungsfreiheit in einer Gliedmaße; geringere Biegung in einem Gelenk; Kopfschlagen oder Stolpern beim Reiten, widerwilliges Vorwärtsgehen oder Davoneilen.

Je angespannter das Pferd ist, desto stärker sind seine Schmerzen. Je größer seine Angst ist, desto eher wird es diesen Schmerz auch spüren, obwohl ein anderes Pferd in der gleichen körperlichen Verfassung kein Problem damit hätte. Umgekehrt kann Adrenalin ein Pferd auch weniger schmerzempfindlich werden lassen – ein Pferd geht beispielsweise ungern in der Bahn, dafür aber gerne aufs Turnier oder ins Gelände. Die Menschen schließen oft fälschlicherweise, dass das Pferd »sie auf den Arm nimmt«, wenn es sich in einer Situation gut benimmt, in einer anderen aber Schwierigkeiten macht.

Körperliche Probleme können nur von einem Experten gelöst werden: Jeder Pferdebesitzer benötigt neben einem guten Tierarzt einen kompetenten Hufschmied, Sattler, Pferdezahnarzt (siehe Seite 122–124) und einen Pferdephysiotherapeuten/Chiropraktiker, um sein Pferd geistig und körperlich fit und zufrieden zu halten.

Sobald man sich um die körperlichen Probleme gekümmert hat,

DER SCHMERZFAKTOR

Wenn ich Problempferde in den Stall bekomme, lasse ich zunächst einmal von den betreffenden Spezialisten ausschließen, dass das Pferd Schmerzen hat, danach beginne ich ganz von vorne mit der Bodenarbeit. Dies hat hauptsächlich die zwei folgenden Gründe:

1. Pferde wissen nicht, dass es nicht mehr weh tun wird, wenn die Ursache für den Schmerz beseitigt worden ist: Dies muss man ihnen zeigen.
2. An der Doppellonge kann man das Pferd korrekt vorwärts gehen lassen, so dass die unzureichend entwickelte Muskulatur ohne das zusätzliche Gewicht des Reiters wieder aufgebaut werden kann.

müssen die damit verbundenen psychischen Schäden repariert werden – es gilt, das Pferd davon zu überzeugen, dass es sich nun entspannen kann, weil die Ursache seines Unbehagens, unter Umständen nach langer Zeit, beseitigt worden ist. Hier sind Bodenarbeit und Training auf Distanz, verbunden mit viel Geduld, von unschätzbarem Wert. Meiner Erfahrung nach bedarf es ca. 3–4 Wochen Arbeit an der Doppellonge, bevor man einen deutlichen Unterschied feststellen kann (siehe »Eliminierung des Schmerzfaktors«, Seite 119). Wenn das Pferd dann mit Selbstvertrauen vorwärts geht und insgesamt kräftiger erscheint, lasse ich erneut einen Reiter aufsitzen.

MENTALER UND EMOTIONALER DRUCK

Reagieren wir in Bezug auf unsere Pferde zu gefühlsbetont und beeinflusst das unsere Ausbildungsmethode? Die meisten von uns glauben, bei ihren Pferden eine Vielzahl von Gefühlen feststellen zu können, wie Angst, Kummer, Einsamkeit und Glück. Gibt es dafür eine wissenschaftliche Grundlage, oder bilden wir uns das nur ein? Wie auch immer die Antwort darauf ausfällt, es ist unbedingt richtig, auf alle sichtbaren Emotionen zu achten; Pferde täuschen Krankheiten oder Kummer nicht vor, daher ist es wahrscheinlich auf eine körperliche Ursache zurückzuführen, wenn ein Pferd »deprimiert« oder unglücklich wirkt (siehe oben und Seite 122–125).

Das Gefühlsleben von Tieren ist seit eh und je ein umstrittenes Thema. Einer der Gründe, warum Verhaltensforscher Probleme damit haben, Gefühle und bewusstes Handeln bei Tieren zu erforschen, ist die Schwierigkeit, subjektive mentale Erfahrungen präzise genug beschreiben zu können, um objektiven Tests standzuhalten. Als man jedoch das Gehirn von Menschen und Tieren mittels CT untersuchte, zeichneten sich in den Bereichen des Gehirns, die man den Gefühlen zuordnet, ähnliche Aktivitäten ab. Das limbische System, von ihm nimmt man an für die Gefühle zuständig zu sein, ist eines der am längsten entwickelten Teile des Gehirns. Das heißt, man findet es in einer Vielzahl von Lebewesen. Auch sind bestimmte Substanzen, wie Oxytocin, Serotonin und Testosteron, von denen man glaubt, dass sie die Gefühle und Handlungen von Menschen beeinflussen, bei Mensch und Tier vorhanden. Angesichts dieser körperlichen Übereinstimmung, erscheint es unwahrscheinlich, dass wir als einzige Lebewesen Gefühle haben.

Sicher ist, dass Pferde ein für ein Fluchttier natürliches, ängstliches Wesen haben und somit äußerst stressanfällig sind. Sich selbst überlassen, würden sie den ganzen Tag im Kreise ihrer Freunde grasen, die ihnen Wohlbehagen und Sicherheit geben, und jeden Druck absolut vermeiden. Unter den Verhaltensforschern gibt es kaum Zweifel, das die domestizierte Haltungsform die Gesundheit der

BEOBACHTEN UND LERNEN

Auf diesem Bild kann man sehen, dass Pelo sich prächtig amüsiert. Nehmen Sie sich die Zeit, Ihr Pferd zu beobachten – bei der Arbeit und auf der Koppel – um herauszufinden, was ihm am meisten Spaß macht. Dadurch erhalten Sie auch Anhaltspunkte dafür, wie Sie es belohnen können.

EXTREME NERVOSITÄT

- Schlechtes Benehmen – kleben, steigen, nach Hause tänzeln, nicht in den Hänger einsteigen wollen.
- Extreme Nervosität
- Scheinbare Lernunfähigkeit
- Mangel an Konzentration
- Deutliches Aggressionsverhalten
- Sichtbare Passivität oder Lethargie
- Mangelndes Interesse an der Umwelt oder an Bewegung
- Schlechtes Fressverhalten
- Jede Form von stereotypem Verhalten, selbst scheinbar harmlose oder amüsante Angewohnheiten, wie das Herumspielen mit der Lippe und der Zunge.

Pferde in vielerlei Hinsicht belastet und zu Verhaltensstörungen führen kann. Bei aufgestallten Pferden kann das zu so genanntem stereotypem Verhalten oder »Untugenden« führen. Meiner Erfahrung nach entwickeln viele Pferde Untugenden, um mit einer bestimmten Situation fertig zu werden. Versucht man dem Pferd diese Untugend abzugewöhnen, erhöht sich für das Pferd der Stress oftmals noch. Meine ehemalige Pferdepflegerin Lucy Emerick hatte beispielsweise ein hervorragendes Vielseitigkeitspferd, das stark koppte. Also legten wir ihm einen Kopperriemen an und nach zwei Tagen hatte es eine heftige Kolik. Ein paar Tage nachdem es zurückgekommen war, legte wir ihm den Riemen erneut an, und es hatte wieder eine Kolik. Wir erkannten, dass wir ihm mehr Stress bereiteten, wenn wir ihn am Koppen hinderten.

Wenn sich das Pferd mental oder emotional durch die gestellten Anforderungen überfordert fühlt, wird sich seine Unsicherheit dahingehend äußern, dass es jede Gelegenheit wahrnimmt, in den Schutz der »Herde« zurückzukehren, d.h., es wirft sich herum, klebt, steigt, tänzelt nach Hause, lässt sich nicht einladen oder macht auf Turnieren Probleme – es wird nichts unversucht lassen. Es ist dabei nicht unbedingt einfach »ungezogen«, auch wenn es diesen Anschein erweckt. Für das Pferd geht es um Leben und Tod, weil es den Menschen nicht als Anführer der Herde akzeptiert und meint, Entscheidungen selbst treffen zu müssen (siehe Seite 27). Das Wichtigste, was Sie für Ihr Pferd tun können, ist sicherzustellen, dass es sich in Ihrer Gegenwart – physisch und emotional – sicher fühlt. Dieses Vertrauen entsteht erst, wenn es Sie als Anführer der Herde respektiert und weiß, dass Sie immer sein Bestes wollen.

Jedes Pferd braucht ein abwechslungsreiches Arbeitsprogramm, das es körperlich nicht überfordert. Dazu gehören auch Aktivitäten, die ihm Spaß machen, selbst wenn diese normalerweise nicht auf Ihrer Agenda stehen, wie etwa ein Renngalopp oder ein Ausritt in der Gruppe. Wenn Sie sein Vertrauen durch die Bodenarbeit gewonnen haben und im Training logisch vorgegangen sind, gibt es keinen Grund, warum es nicht in jeder Hinsicht ausgeglichen sein sollte. Wie bei den Menschen gibt es auch Pferde, die einfach reizbarer und emotionaler sind als andere. Sie müssen die Persönlichkeit Ihres Pferdes erkennen, damit Sie angemessen reagieren können, und es bei Bedarf ermutigen, beruhigen oder wenn notwendig auch tadeln können.

Zahnkunde bei Pferden

von Greg Wood

Hat Ihr Pferd Probleme beim Fressen oder beim Einlegen der Trense, oder haben Sie bemerkt, dass die Zähne scharfe Kanten aufweisen – dann ist es an der Zeit den Pferdezahnarzt zu konsultieren. Das sind die offensichtlichsten Gründe, warum die Leute meinen, dass Ihr Pferd eventuell ein Problem mit den Zähnen hat. Es gibt jedoch noch eine Vielzahl anderer kritischer Punkte, die von schlechten Zähnen herrühren und ständig übersehen werden.

Unser Land ist für seine Tierliebe bekannt, und Pferde stehen ziemlich weit oben auf der Liste unserer Lieblingstiere. Und doch übersehen wir ständig einen fundamentalen Aspekt ihrer Gesundheit, der sich direkt auf ihr Verhalten und ihre Leistung auswirkt – ihre Zähne. Wir sind kein ignorantes Volk, es ist jedoch absolut notwendig, dass wir uns auf diesem Gebiet besser informieren, damit wir aus unserem, nun wirklich sehr teuren Hobby, auch das Beste machen können.

DIE WAHL DES ZAHNARZTES

Leider gibt es eine ganze Reihe von Leuten, die sich als Zahnärzte bezeichnen, qualitativ jedoch schlecht arbeiten – hüten Sie sich vor ihnen. Ein Zahnarzt sollte das Pferd mit Disziplin und Güte behandeln, einen sauberen und gepflegten Satz Instrumente dabeihaben, sein Vorgehen genau erklären und Ihnen gestatten, die Zähne des Pferdes vor und nach der Behandlung zu fühlen. Er oder sie sollte stets ein Maulgatter benutzen, um das gesamte Pferdemaul, das recht weit in den Kiefer hineinragt, sicher zugänglich zu machen. Dieses Instrument dient nicht dazu, das Maul gewaltsam zu öffnen, sondern es einfach offen zu halten, nachdem das Pferd das Maul willig geöffnet hat. Pferdezahnärzte arbeiten entweder alleine oder mit einem Tierarzt zusammen. Es wird dringend empfohlen, einen qualifizierten Fachmann zu holen.

WORAUF MUSS MAN SICH EINSTELLEN?

Die Gebühr richtet sich nach der erfolgten Behandlung. Man muss mit der normalen Gebühr für den Tierarztbesuch, einer Gebühr für die Behandlung und Kosten für eventuell verabreichte Medikamente rechnen. Im Folgenden sind die häufigsten Dienstleistungen aufgeführt:

- Untersuchung, Beurteilung und Beratung
- Vorführungen zu Lehrzwecken
- Entfernung von Wolfszähnen
- Ziehen von Milchkappen (abgestorbene Milchzähne)

DIE ANATOMIE DES PFERDEKOPFES

Um zu verstehen, wie wichtig die Zähne sind, müssen wir die grundlegende Anatomie des Pferdekopfes und die biomechanischen Funktionen des Pferdes in Bezug auf die Zähne betrachten.

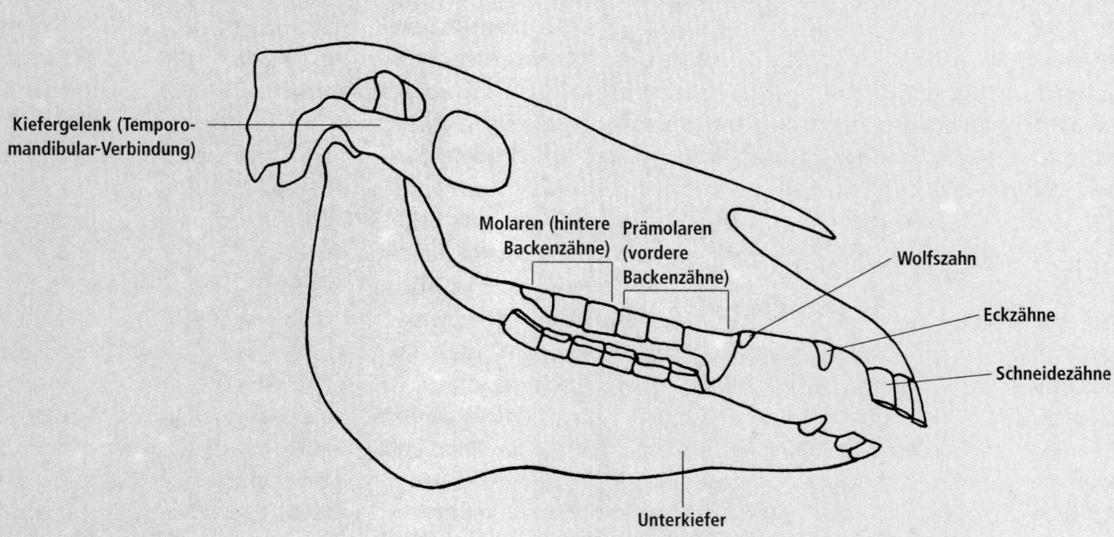

HAT MEIN PFERD EIN PROBLEM MIT SEINEN ZÄHNEN?

BEIM REITEN
- Kopfschlagen
- Verwerfen im Genick
- Verändertes Verhalten beim Reiten
- Leistungsschwäche
- Schwierigkeiten beim Auftrensen
- Steigen
- Die Zunge hängt aus dem Maul oder wird über das Gebiss genommen

BEIM FRESSEN
- Verwerfen im Genick
- Herunterschlingen des Futters
- Teile des Futters fallen beim Fressen heraus
- Das Heu wird vor dem Kraftfutter gefressen
- Änderung der Trinkgewohnheit
- Würgen

ALLGEMEINE ANZEICHEN
- Ausfluss aus Augen oder Nase
- Die Zähne reagieren empfindlich, wenn man sie von außen an der Backe abtastet
- Starker Speichelfluss oder Speichelabsonderung
- Unregelmäßige Bewegung des Kiefers
- Das Pferd wirkt beunruhigt
- Das Pferd wirkt unwillig
- Das Pferd kann den Unterkiefer nicht mehr von einer Seite zur anderen bewegen
- Unangenehmer Geruch aus Mund oder Nase
- Wunde Stellen an den Lippen, am Zahnfleisch oder am Gaumen
- Das Pferd blutet aus dem Maul
- Beulen oder Schwellungen am Kiefer oder im Gesicht
- Fistulöser Ausfluss am Kiefer oder im Gesicht
- Große Haken an den vorderen oberen Backenzähnen
- Im Kot befinden sich größere unverdaute Teile als sonst
- Gewichtsverlust
- Nicht erklärbare Konditionsschwäche

- Abraspeln scharfer Kanten
- Abraspeln und Glattfeilen von Eckzähnen
- Entfernung von Zahnstein auf den Eckzähnen
- Abraspeln von Haken, damit das Trensengebiss besser sitzt
- Regulierung der Schneidezähne (Abschleifen von zu langen Schneidezähnen oder einseitiges Abschleifen von Schneidezähnen, die auf einer Seite eine stärkere Abnutzung aufweisen, als auf der anderen, wobei das Gleichgewicht im Maul verloren geht)
- Abraspeln von Haken an den vorderen und hinteren Enden von Backenzahnreihen
- Regulierung des Abschlusses der oberen und unteren Zahnflächen (Abraspeln ungleichmäßiger Kanten und Abschleifen der Mahlflächen von Backenzähnen)

ZAHNEN

Das Fohlen kommt mit 12 Prämolaren auf die Welt: sechs obere und sechs untere. Die Schneidezähne kommen nach und nach heraus, die ersten nach 6–8 Tagen, weitere folgen nach 6–8 Wochen und zum Schluss brechen die Eckschneidezähne nach 6–8 Monaten durch.

Die Prämolaren und die Schneidezähne sind Milchzähne, auch »Milchkappen« genannt. Sie werden allmählich durch Dauerzähne ersetzt. Probleme treten dann auf, wenn die Milchkappen noch vorhanden sind, wenn das junge Pferd angeritten wird und ein Gebiss tragen soll. Die Zähne sollten regelmäßig (alle 5–6 Monate) untersucht werden, um zu sehen, ob die bleibenden Zähne korrekt herauswachsen. Der Schmerz, den eine zurückgebliebene Milchkappe auslöst, kann sich wesentlich auf Verhalten und Leistung des Pferdes auswirken.

Als Nächstes brechen die Wolfszähne durch, für gewöhnlich im Alter von 6 bis 18 Monaten. Wolfszähne werden immer wieder mit Eckzähnen verwechselt; es ist schon vorgekommen, dass mir gesagt wurde, die Wolfszähne wären schon entfernt worden, nur um dann festzustellen, dass die Eckzähne fehlten und die Wolfszähne noch schön zu sehen waren. Idealerweise sollten die Wolfszähne entfernt werden, bevor das Pferd angeritten wird, da sie erhebliche Probleme beim Angewöhnen an die Trense und später auch Probleme wie Kopfschlagen und Steigen verursachen können.

Wolfszähne sollten nur von einem Tierarzt oder einem qualifizierten Pferdezahnarzt unter Betäubung entfernt werden. Das ist die einzig humane Vorgehensweise. Die Behandlung muss von einem Fachmann durchgeführt werden, um einen potenziell tödlichen Schaden an der am Gaumendach befindlichen Gaumenarterie zu vermeiden. Außerdem passiert es leicht, dass Wolfszähne abbrechen und Teile im Kiefer zurückbleiben, die das Pferd mehr stören können als der eigentliche Wolfszahn.

Molaren brechen im Alter von 12 Monaten durch,

während die Eckzähne normalerweise im Alter von ca. viereinhalb Jahren erscheinen.

DAS KIEFERGELENK

Die Biomechanik ist ein sehr komplexes Thema, auf das hier nicht näher eingegangen werden kann, daher möchte ich im Folgenden nur deutlich machen wie der Unterkiefer und das Kiefergelenk die Leistung beeinflussen können. Im Hinblick auf die Zähne spielt das Kiefergelenk eine ebenso wichtige Rolle wie die Zähne selbst.

Beobachtet man ein Pferd beim Fressen, scheint sich der Kiefer hauptsächlich von Seite zu Seite zu bewegen, er bewegt sich jedoch auch bis zu einem gewissen Grad vorwärts und rückwärts. Diese verschiedenen Bewegungen sind notwendig, damit das Pferd richtig funktionieren kann, durch Probleme an den Zähnen können sie eingeschränkt oder behindert werden.

Betrachtet man die Schneidezähne des Pferdes, sieht man, dass die meisten einen geringen Überbiss, normalerweise ca. 2–4 mm, aufweisen (die oberen Schneidezähne stehen leicht über die unteren hinaus). Das ist ganz normal und nicht mit einem Karpfengebiss zu verwechseln. Das Pferd sollte die meiste Zeit des Tages mit dem Kopf nach unten beim Grasen verbringen. Ein Wildpferd verbringt 16–18 Stunden täglich auf diese Weise. Wenn es den Kopf senkt, um zu grasen, schiebt sich der Unterkiefer ca. 2–4 mm vor, wodurch die Schneidezähne auf eine Linie gebracht werden, so dass die Zähne zum Abbeißen des Grases genutzt werden können. Dadurch werden auch die Backenzähne übereinander gebracht, so dass jeder Zahn einen Gegenzahn hat und so das Futter zermahlen kann. Das grasende Pferd nutzt den gesamten Bewegungsbereich des Unterkiefers.

Stellen Sie sich nun das aufgestallte Pferd vor; oftmals sorgen wir dafür, dass sein Kopf eine unnatürliche Haltung beim Fressen einnimmt, indem wir Heunetze und Heuraufen, hoch angebrachte Futtertröge usw. verwenden. Tun wir das für das Pferd oder zu unserem eigenen Vorteil?

HAKEN UND RAMPEN

Die häufigsten Zahnprobleme bei Pferden sind Haken und Rampen. Haken findet man im Allgemeinen an den ersten oberen Premolaren, und Rampen befinden sich an den ganz hinteren unteren Molaren. Wie oben erwähnt, können Haken und Rampen durch unnatürliche Kieferbewegungen verursacht werden. Der dadurch entstehende Druck auf das Kiefergelenk hängt vom Ausmaß der Haken und Rampen ab. Wie sich das auf die Leistung auswirkt, hängt jedoch auch vom Wesen und der Schmerzempfindlichkeit des einzelnen Pferdes ab.

Indem wir das Pferd zwingen auf diese Art zu fressen, ändern wir vollständig das Abriebmuster der Zähne und verursachen verschiedene Unausgewogenheiten im Maul, wie Haken und Rampen (siehe unten). Diese Unausgewogenheiten können sich negativ auf das Kiefergelenk auswirken und dort einen Druck ausüben. Andere Abnormalitäten der Zähne, die ebenfalls einen solchen Druck verursachen können, sind ein Treppen- oder Wellengebiss, zu lange Schneidezähne und hervorstehende Zähne.

Ein hoher Prozentsatz von Pferden, die eine Leistungsschwäche aufweisen, leiden zu einem bestimmten Grad an einem Druck auf das Kiefergelenk. Um besser zu verstehen, was hier gemeint ist, beißen Sie einmal für kurze Zeit die Zähne zusammen und Sie werden eine Verkrampfung im Gesicht spüren, auch das rührt von einem Druck auf das Kiefergelenk her.

DIAGNOSE UND BEHANDLUNG VON SCHMERZEN IM KIEFER-GELENK

Schmerzen im Bereich des Kiefergelenks kommen bei Pferden häufig vor. Wenn Sie je versucht haben, mit einem Pferd umzugehen, das sich nicht am Kopf anfassen lassen möchte, den Kopf schüttelt oder ruckartig zur Seite bewegt, unwillig oder übellaunig wirkt, dann hat es wahrscheinlich Schmerzen im Bereich des Kiefergelenks. Die Behandlung sollte daraufhin zielen, Abnormalitäten im Zahnbereich zu korrigieren, um so eine schmerzfreie Bewegung des Kiefergelenks zu ermöglichen.

Zur Untersuchung des Kiefergelenks gehe ich folgendermaßen vor: Der Kiefer muss sich vor und zurückschieben lassen (dabei bleibt das Maul geschlossen). Außerdem muss genügend Bewegungsfreiheit von Seite zu Seite vorhanden sein, damit das Pferd korrekt fressen kann. Das Pferd sollte auf leichten Druck im Bereich des Kiefergelenks nicht reagieren, hat es jedoch dort Schmerzen, wird es den Kopf wegziehen oder nach oben werfen. Viele Pferde, die in diesem Bereich Schmerzen haben, haben auch Schmerzen im Bereich des Genicks und des 1. Halswirbels.

In den meisten Fällen verändern Pferde, die Schmerzen im Kiefergelenk haben, ihren Bewegungsablauf und ihre Körperhaltung, um das Problem zu kompensieren. Der falsche Gebrauch der Muskeln kann zu weiteren Problemen im Hals, an den Schultern, am Rücken und in der Hinterhand führen.

Pferde haben eine unterschiedliche Schmerztoleranz. Einige leiden vielleicht unter großen Schmerzen im Bereich des Kiefergelenks zeigen jedoch nur geringe Symptome, während andere im Umgang eventuell aggressiv werden, oder beim Reiten steigen, kleben, buckeln, usw.

Ich sehe solche Pferde regelmäßig, insbesondere jedoch, wenn ich zusammen mit Richard mit verhaltensgestörten Pferden arbeite. Ich werde auch immer wieder zu Pferden gerufen, die schon viele langwierige und teure Behandlungen durch Chiropraktiker und Physiotherapeuten hinter sich haben; die Zähne werden für gewöhnlich als Letztes untersucht. Leider hält eine Manipulation des Kiefergelenks nur sehr kurz an, wenn die Zähne nicht vorher ins Gleichgewicht gebracht worden sind. Daher ist es sehr ermutigend zu sehen, dass ein Fachmann wie Richard immer zunächst die Zähne aller Pferde untersuchen lässt, bevor er andere Behandlungen in Erwägung zieht.

Obwohl es so viele Probleme verursachen kann, wird das Kiefergelenk bei Ankaufsuntersuchungen im Allgemeinen außer Acht gelassen. Fortschritte in der Pferdezahnkunde haben dafür gesorgt, dass wir diese Probleme heute besser erkennen und behandeln können.

GESUNDHEITSPLAN FÜR DIE ZÄHNE

LASSEN SIE DIE ZÄHNE IHRES PFERDES MINDESTENS ZWEIMAL PRO JAHR UNTERSUCHEN UND ABRASPELN

ANFANG 1. JAHR	ANFANG 2. JAHR	ENDE 2. JAHR (2½ JAHRE ALT)	ANFANG 3. JAHR
▷ Abschleifen der Prämolaren **ENDE 1. JAHR** ▷ Abschleifen der Prämolaren ▷ Ziehen von Wolfszähnen	▷ Abschleifen der Prämolaren ▷ Abschleifen der Dauerbackenzähne, damit obere und untere Zähne korrekt abschließen ▷ Untersuchung, ob die ersten Dauerbackenzähne durchgebrochen sind	▷ Abschleifen der Prämolaren ▷ Abschleifen der Dauerbackenzähne, damit obere und untere Zähne korrekt abschließen ▷ Entfernung zurückgebliebener erster Premolaren-Milchkappen ▷ Überprüfung, ob Dauer-Backenzähne durchgebrochen sind ▷ Überprüfung, ob die Schneidezähne durchgebrochen sind	▷ Abschleifen der Prämolaren ▷ Abschleifen der Dauerbackenzähne, damit obere und untere Zähne korrekt abschließen ▷ Entfernung von noch zurückgebliebenen zweiten Prämolaren-Milchkappen ▷ Untersuchung, ob die zweiten Dauer-Backenzähne durchgebrochen sind ▷ Überprüfung, ob die Schneidezähne durchgebrochen sind
ENDE 3. JAHR (3½ JAHRE ALT)	**ANFANG 4. JAHR**	**ENDE 4. JAHR (4½ JAHRE ALT)**	**AB DEM 5. LEBENSJAHR**
▷ Abschleifen der Prämolaren ▷ Abschleifen der Dauerbackenzähne, damit obere und untere Zähne korrekt abschließen ▷ Entfernung zurückgebliebener 2. Premolaren-Milchkappen ▷ Überprüfung, ob Dauerbackenzähne durchgebrochen sind ▷ Überprüfung, ob die Schneidezähne durchgebrochen sind ▷ Entfernung von zurückgebliebenen 2. Schneidezahn-Milchkappen	▷ Abschleifen aller Backenzähne ▷ Entfernung sämtlicher zurückgebliebener Backenzahn-Milchkappen ▷ Überprüfung, ob 3. Dauerbackenzähne durchgebrochen sind ▷ Untersuchung, ob Zahnsplitter von zurückgebliebenen Milchkapseln vorhanden sind ▷ Untersuchung, ob Wurzelfragmente von Milchschneidezähnen vorhanden sind	▷ Abschleifen aller Backenzähne ▷ Entfernung sämtlicher zurückgebliebener Backenzahn-Milchkappen ▷ Überprüfung, ob 3. Dauerbackenzähne durchgebrochen sind ▷ Überprüfung, ob die Hakenzähne bei männlichen Pferden durchgebrochen sind ▷ Überprüfung, ob blinde Hakenzähne bei männlichen Pferden vorhanden sind ▷ Entfernung sämtlicher zurückgebliebener 3. Schneidezahn-Milchkappen	▷ Routinemäßiges Abraspeln und Check-ups mindestens zweimal pro Jahr

Störungen suchen und beseitigen

Zunächst noch ein paar allgemeine Ratschläge in Bezug auf die zugrunde liegende Ursache vieler beim Reiten oder im Umgang mit Pferden entstehenden Problemen: Achtung für die Natur des Pferdes setzt das Verständnis für seine Lebensweise voraus. Das trägt entscheidend zu seiner Zufriedenheit bei, was wiederum Voraussetzung für eine willige Zusammenarbeit mit dem Menschen ist, und beugt abnormalem oder schwierigem Verhalten vor. Ich habe bereits ausgeführt, dass gestresste Pferde keine gute Leistung erbringen, weil sie oftmals einfach nicht dazu in der Lage sind. Man denke hier nur an die Pferde, die zu Hause willig mitarbeiten, auf Turnieren jedoch vor Aufregung versagen. Aber wie können manche Pferde über diese Probleme hinauswachsen? Wie kann man ein Tier, das aufgrund seiner Entwicklung mit einem Wesen ausgestattet ist, das, um zu überleben, stark auf äußere Reize reagieren muss, dazu bringen, sich dem Menschen anzuvertrauen? Pferde, die durch unnatürliche Haltungsbedingungen Störungen in ihrem Sozialverhalten aufweisen, sind höchstwahrscheinlich auch im Umgang nicht einfach. Tiere, denen zu Hause eine psychologisch »gesunde« Lebensweise geboten wird, haben wesentlich weniger Probleme. Sorgt man dafür, dass das Pferd möglichst viel Zeit auf relativ natürliche Weise auf der Koppel in der Gesellschaft anderer Pferde verbringen kann, so wirkt sich das überaus positiv auf seine physische und psychische Gesundheit aus. Der Einfluss, den das wiederum auf sein Verhalten hat, sollte nicht unterschätzt werden.

Wenn man den Anfängen nicht wehrt, kann etwas, das als übermütige Freude beginnt, zu einer ärgerlichen Angewohnheit werden.

Probleme beim Reiten und ihre Lösungen

Mein Pferd ... ist gegen den Schenkel abgestumpft

Das Pferd stumpft in seinen Reaktionen ab, weil ihm entweder das Prinzip von Druck und Entspannung nicht richtig beigebracht wurde, oder weil es keinen Anreiz darin sieht, darauf einzugehen. Das passiert für gewöhnlich, wenn das Pferd nicht durch sofortiges Lösen des Drucks belohnt wird, wenn es entsprechend reagiert hat, indem es der Aufforderung gefolgt ist – anders ausgedrückt, der Reiter »nörgelt« ständig herum, so dass das Pferd sich langsam fragt, was es eigentlich selbst davon hat. Unter diesen Umständen heißt die Antwort natürlich »nichts«. Viele Pferde sind aus dem Grund scheinbar gegen den Schenkel »abgestumpft«, weil sie hochsensibel sind und als Art Selbstverteidigung gegen das ständige Nörgeln einfach blockieren.

Dies ist ein sehr häufiges Problem, das zu einem Teufelskreis wird. Der Reiter muss immer stärker mit dem Bein und der Hand einwirken, um eine immer schwächer ausfallende Reaktion zu erwirken. Viele sehen dann den einzig möglichen Schritt darin, zu Gerte und Sporen zu greifen. Ich bin zwar nicht grundsätzlich gegen Gerte und Sporen – wenn das jedoch der einzige Weg ist, das Pferd auf den Reiter aufmerksam zu machen, dann respektiert es lediglich Gerte und Sporen und nicht den Reiter.

LÖSUNG Sie müssen einen anderen Anreiz finden – und nicht den gleichen Anreiz immer wieder verstärkt anwenden – und die gewohnte Struktur der Trainingseinheiten ändern, um das Interesse des Pferdes neu zu wecken. Ganz wichtig ist, dass Sie es immer für positives Verhalten belohnen. Lesen Sie noch einmal den Abschnitt über die Entwicklung von Feingefühl (Seite 94–95). Konzentrieren Sie sich darauf, dass das Pferd vorwärts geht – vergessen Sie die Anlehnung! Aus diesem Grund mag ich auch den Ausdruck »am Zügel« nicht, weil er die Aufmerksamkeit des Reiters auf die Vorhand des Pferdes lenkt, was impliziert, dass die Lösung für einen perfekten Rahmen in der Verbindung der Reiterhand zum Pferdemaul liegt. In der Tat sollte jedoch die Aufmerksamkeit auf den »Motor« hinter dem Reiter und auf die Verbindung zwischen den Schenkeln und dem Pferderücken sowie der Hinterhand gerichtet sein.

Mein Pferd ... ist sehr schreckhaft

LÖSUNG Abgesehen von der offensichtlichen Methode, das Pferd an Dinge, die es für bedrohlich hält, zu gewöhnen und vom ersten Tag an sein Vertrauen aufzubauen, fällt die Antwort ähnlich wie oben aus. Ein Pferd, das gegen den Schenkel abgestumpft ist, ist häufig auch sehr schreckhaft. Mögen manche Leute darüber überrascht sein, so ist es für das Pferd durchaus logisch. Teilweise hängt es mit mangelndem Vertrauen seinem Reiter gegenüber zusammen, was seiner Selbstsicherheit schadet, und teilweise, weil ihm die Arbeit keinen Spaß macht und es darum nach Ablenkungen sucht; zum Teil auch weil es sich die meiste Zeit in seiner eigenen Welt aufhält und von äußeren Einwirkungen überrascht wird!

Bemühen Sie sich darum, dass sich das Pferd ganz auf Sie konzentriert, damit es mitarbeitet und auf die Hilfen reagiert und sich nicht »im Land der Träume« aufhält und macht, was es will. Lenken Sie es von dem bedrohlichen Objekt ab, indem Sie das Wip-Wop (Seite 95) einsetzen. Denken Sie jedoch auch daran, dass ein Pferd mit einem eingeklemmten Nerv oder körperlichen Schmerzen eventuell überempfindlich auf Dinge reagiert, die es normalerweise nicht beachten würde.

Mein Pferd ... liegt schwer auf der Hand

Wenn Sie beim Reiten einen stumpfen Schmerz zwischen den Schulterblättern verspüren, benutzt Sie das Pferd als fünftes Bein! Das ist ein klassisches Problem bei einem Pferd, das sich nicht selbst trägt. Es verlässt sich darauf, vom Reiter getragen zu werden – lassen Sie das nicht zu! Es darf den Zügel nicht länger als Stütze sehen und muss lernen, sich in allen Gangarten vorwärts abwärts zu strecken. Geben Sie ihm dafür die nötige Freiheit; es dauert vielleicht eine gewisse Zeit, das Angebot vom Reiter muss jedoch vorhanden sein. Unter Umständen sucht es dringend nach einer Stütze, es wird sich jedoch niemals selbst tragen, wenn Sie es ständig gewähren lassen. (Lesen Sie hierzu auch über meine Arbeit mit Pelo, Seite 108–113; dort sehen Sie, dass gar kein Gebiss nötig ist, damit sich das Pferd in korrekter Selbsthaltung bewegt.)

LÖSUNG Kehren Sie zur Bodenarbeit zurück und arbeiten Sie mit dem Strick und der Doppellonge, bis das Pferd lernt, sich ohne Reiter selbst zu tragen; Arbeiten sie dann daran, seine Muskulatur unter dem Sattel aufzubauen, indem Sie es vor allem vorwärts reiten. Die Vorhand wird nur dann leichter, wenn die Hinterhand untertritt.
Fordern Sie Ihr Pferd in einem sicheren Umfeld zum Antraben auf. Wird es schwer in der Hand, lassen Sie vorne los. Es wird sich wahrscheinlich ziemlich wackelig anfühlen, weil es nicht ausbalanciert ist. Außerdem wird es häufig stolpern, auch das passiert, weil es nicht ausbalanciert ist und daran gewöhnt ist, dass Sie es stützen. Wenn Sie das Gefühl haben, dass der richtige Zeitpunkt gekommen ist, und es inzwischen selbstständiger arbeitet, nehmen Sie die Verbindung wieder auf; sobald es sich wieder abstützt, lösen Sie die Verbindung. Mit der Zeit wird es weniger stolpern und die Zeitspanne zwischen den Korrekturen länger werden.

Mein Pferd ... geht durch

LÖSUNG Schauen Sie sich nochmals die Übung an, bei der Sie den Kopf des Pferdes zum Knie herumbiegen (Seite 99). Diese Übung ist besonders für Pferde geeignet, die durchgehen. Stellen Sie sich Kopf und Hals des Pferdes als Pfeil vor: Wenn beides gerade gerichtet ist, kann sich das Pferd schnell aus dem Staub machen, biegen Sie jedoch den Pfeil, könnte es sich nicht mehr fortbewegen. Wenn Sie den Hals des Pferdes auf diese Weise biegen, »kuppeln« Sie es praktisch aus und hindern es am durchgehen.
Probieren Sie auf einem sicheren, möglichst eingezäunten, Platz, ob Ihr Pferd die obige Übung im Halten ausführen kann. (Wenn das nicht möglich ist, sollten Sie Situationen vermeiden, in denen es durchgehen könnte. Das wäre, wie wenn Sie mit dem Auto zum Einkaufen fahren würden, obwohl Sie wüssten, dass die Bremsen nicht in Ordnung sind!) Sobald das Pferd geschmeidig im Halten Ihrer Aufforderung nachkommt, reiten Sie es zunächst im Schritt an. Wechseln Sie durch die ganze Bahn und lassen dabei einen Zügel lang, nehmen dann den anderen Zügel auf und führen dann allmählich Ihre Hand Richtung Brust, denken Sie daran – der Druck muss von oben, nicht von hinten kommen. Sobald es den Hals zu Ihrem Knie herumgenommen hat, wird es stehen bleiben. Streicheln Sie nun sein Gesicht und loben es. Reiten Sie erneut an. Lassen Sie diese Übung immer wieder in Ihre Arbeit einfließen. Wenn das Pferd die Übung im Schritt gut beherrscht, können Sie dasselbe auch im Trab, usw. durchführen.
Wenn Sie ein Pferd haben, das zum Durchgehen neigt, sollten Sie Zähne, Rücken und Sattelzeug sorgfältig untersuchen lassen, um physische Gründe für sein Verhalten auszuschließen. Sobald alle physischen Probleme beseitigt sind, werden Sie sicher feststellen, dass sich sein Verhalten durch die Bodenarbeit wesentlich bessert. Zusätzlich hilft Ihnen die Biegeübung, das Pferd besser kontrollieren zu können.

Mein Pferd ... ist einseitig

Die meisten Pferde sind einseitig, das muss der Reiter berücksichtigen und Verständnis dafür aufbringen, bis das Pferd auf beiden Seiten gleichermaßen kräftig und geschmeidig ist. Ständig auf der schwächeren Seite zu arbeiten ist keine Lösung, das würde nur Schmerzen und Widerwillen verursachen und dem Pferd bestätigen, dass dies die unbequeme Seite ist und es noch unwilliger machen.

LÖSUNG Machen Sie es dem Pferd so leicht wie möglich, indem Sie jedes Mal auf der guten Seite beginnen und zu ungefähr 80 Prozent auf dieser Seite arbeiten, danach arbeiten Sie die restlichen 20 Prozent auf der schwächeren Seite. Bauen Sie darauf auf, bis Sie auf beiden Seiten zu je 50 Prozent arbeiten. Hierfür eignet sich am besten die Doppellonge. Lassen Sie es ungefähr 2–3 Minuten auf seiner guten Seite traben und wechseln dann auf die steife Seite. Es wird sich wahrscheinlich nicht gerne wenden lassen, setzen Sie jedoch ruhig und konsequent die äußere Longe ein und lassen es nach der Wendung 30 Sekunden lang Schritt gehen, danach lassen Sie es wieder auf der guten Seite 2–3 Minuten traben. Wiederholen Sie diesen Vorgang solange, bis es von selbst auf die steife Seite wechseln möchte. Dann können Sie etwas mehr fordern, bis Sie auf der rechten und linken Hand gleichmäßig arbeiten.

Mein Pferd ... benimmt sich auf Turnieren schlecht

Es ist ein sehr häufiges und für den Besitzer äußerst frustrierendes Problem, wenn sich das Pferd für gewöhnlich zu Hause gut aufführt, sich bei Turnieren oder anderen öffentlichen Auftritten jedoch völlig danebenbenimmt.

Oftmals basiert ein solches Verhalten auf Unsicherheit oder darauf, dass das Pferd auf sich aufmerksam machen möchte. Mit schlechtem Benehmen Beachtung zu erzwingen, ist ein beliebter Trick. Weder Futterzusätze, die das Pferd beruhigen sollen, Futterumstellungen, alternative Therapien oder ein besonderes Vorbereitungs- und Abreiteprogramm bei Turnieren werden dieses Problem wirklich lösen, bevor Sie sich nicht damit auseinander setzen. Denken Sie daran, dass oftmals hinter einem scheinbar selbstbewussten und aggressiven Verhalten ein eher defensives Pferd steckt, das jemanden sucht, der die Führung übernimmt. Ihm zu zeigen, »wer der Chef ist«, macht die Sache ebenfalls nur noch schlimmer.

LÖSUNG Verwenden Sie bei Turnieren anderes Sattelzeug oder spezielle Ausrüstungsgegenstände. Schließen Sie diese möglichen Ursachen aus. Gehen Sie dann das Problem der Unsicherheit an, indem Sie das Pferd an ein festes Arbeitsprogramm gewöhnen, auf das Sie auf dem Turnierplatz zurückgreifen können. Sie benötigen eine Methode, die Sie jederzeit anwenden können, um die Situation zu entschärfen, ohne dabei sich selbst oder andere in Gefahr zu bringen. Ich ziehe die Arbeit an der Doppellonge dem Longieren vor, da es interaktiver ist und die zwei direkt mit der Trense verbundenen Longen eine dem Reiten ähnliche Situation schaffen, so dass das Pferd das Gelernte leichter auf die Arbeit unter dem Sattel übertragen kann.
Arbeiten Sie vor dem Reiten immer zunächst mit der Doppellonge.
So können sie auch die Stimmung des Pferdes ergründen. Ist es aggressiv, machen Sie so lange weiter, bis es ruhiger wird, dies kann 5 oder auch 20 Minuten dauern. Ist es extrem schwierig, verzichten Sie vielleicht an diesem Tag ganz darauf, zu reiten. Lassen Sie das Pferd wissen, dass Sie sich nicht von ihm provozieren lassen, wenn es in dieser Stimmung ist. Führen Sie die Übungen an der Doppellänge in der Vorbereitungsphase auf ein Turnier täglich durch und auch auf dem Turnier, solange, bis das Pferd entspannt und aufmerksam ist, bevor Sie vor Ihrer Prüfung aufsitzen. Halten Sie sich immer an dasselbe Muster, wenn Sie am Turnierplatz ankommen, damit es jedes Mal genau weiß, was auf es zukommt und was von ihm erwartet wird.
Nachdem sich eine deutliche Besserung eingestellt hat, ergreifen Sie die Gelegenheit, um wieder die Oberhand zu gewinnen. Versuchen Sie Ihren Dialog mit dem Pferd von einem »Nein, tue das nicht« in ein positiveres »Ich hätte jetzt gern dies« oder »Könntest Du das versuchen« umzuwandeln, um sein Interesse zu erhalten und ihm nicht das Gefühl zu geben, die Entscheidung selbst in die Hand nehmen zu müssen. Natürlich darf man das Pferd nicht ständig machen lassen was es will, es ist jedoch auch frustrierend, wenn man ihm ständig alles verbietet. Überlässt man ihm die Verantwortung für seine Handlungen, überträgt man ihm dadurch nicht gleichzeitig die Führung.

Mein Pferd ... regt sich beim Springen auf

Rührt die Aufregung von einer freudigen Erwartungshaltung oder von Stress durch Schmerzen, Missverständnis oder Mangel an Selbstvertrauen her? Die Anzeichen sind oft sehr ähnlich und werden auch oft verwechselt.

LÖSUNG Wenn man Schmerz als Ursache ausschließen kann, muss man als Erstes dafür sorgen, dass sich das Pferd korrekter und leichter bewegt. Es wird in der Schulter freier und das Springen fällt ihm leichter.

Viele Pferde, für die das Springen Stress oder Aufregung bedeutet, drücken den Rücken weg und nehmen den Kopf nach oben. Der Reiter muss sich bemühen, der Versuchung zu widerstehen, den Kopf mit einer starken, tiefen Hand herunterzuziehen und genau das Gegenteil tun. Schlagen Sie das Pferd mit seinen eigenen Waffen und nehmen Sie die Hand, entsprechend der Kopfhaltung des Pferdes hoch (siehe Seite 98). Denken Sie daran, Sie versuchen einfach, das Richtige angenehm und das Falsche unangenehm zu machen. Das Pferd wird mit einer ruhigen, weichen Zügelverbindung belohnt. Pferde, die nicht ausbalanciert vorwärts gehen, fordern den Reiter nahezu auf, die Zügel kürzer zu fassen und mit der Hand herumzuzupfen, weil Sie möchten, dass der Reiter sie unterstützt! Jawohl, Sie sind der Entscheidungsträger, aber das Pferd muss das Selbstvertrauen und den Willen haben, das Hindernis zu taxieren und mit seinem Reiter zu überspringen.

Ist Ihr Pferd unausbalanciert, kehren Sie zur Arbeit an der Doppellonge zurück, um den Abstand zwischen Kinn und Brust zu verlängern; Die Bewegung, die über die Hals- und Rückenmuskulatur hindurchgeht, wenn es entspannt in einem längeren Rahmen, schwungvoll vorwärts geht, wird sich positiv auf seinen Springstil auswirken.

Wenn Sie es nicht schaffen, zu viel mit den Zügeln einzuwirken oder befürchten, eine ungleichmäßige Anlehnung verschlimmere die Sache, dann versuchen Sie einmal mit den Zügeln in einer Hand zu reiten.

Hat Ihr Pferd häufig einen Abwurf, ist nur selten ungenügendes Springvermögen der Grund, es sei denn, Sie reiten in schweren Prüfungen. Weit häufiger liegt die Ursache darin, dass das Pferd nicht in der Lage ist, beim Anreiten auf den Sprung einen steten und korrekten Rhythmus beizubehalten. Diese klassischen Anzeichen für ein unausbalanciertes Pferd zeigen sich auch in der dressurlichen Arbeit. Sie kennen die Lösung bereits – die Selbsthaltung muss mithilfe des Longierens am langen Seil und der Arbeit an der Doppellonge entwickelt werden!

Überprüfen Sie Ihre eigene Reitweise: Viele machen den Fehler, beim Springen anders als sonst zu reiten. Einfach nichts zu tun, kann sehr schwierig sein! Halten Sie die Energie des Pferdes zusammen und denken Sie daran: Galopp, Selbsthaltung, das Pferd zusammenhalten.

Ich persönlich bin kein Fan von Absprunghilfen. Sie haben für junge Pferde durchaus ihre Berechtigung, in diesem Fall sind Sie jedoch nur ein Trick, Sie über das Hindernis zu bringen; auf dem Turnier steht Ihnen diese Hilfestellung auch nicht zur Verfügung. Nehmen Sie sich die Zeit, ihr Pferd physisch und psychisch beweglich zu machen, dann werden sich die meisten Probleme von selbst lösen.

Bereiten Sie sich zu Hause vor – gehen Sie nicht einfach auf ein Turnier, in der Hoffnung, dass es schon klappen wird.

Mein Pferd ... klebt

Wenn sich Ihr Pferd aus irgendwelchen Gründen nur ungern alleine vom Hof wegbewegt, muss wie immer zunächst abgeklärt werden, ob es dafür eine physische Ursache gibt. Ist das Kleben nicht mit Schmerzen, sondern mit dem Reiten in Verbindung zu bringen, dann ist es oft ein Dominanzproblem. Das ist eine logische Folgerung, selbst wenn das Pferd ansonsten, wie beispielsweise beim Satteln, einfach zu handhaben ist. Es gibt keinen Grund für das Pferd, sich in diesem Stadium nicht unterzuordnen, weil es weiß, dass es die Oberhand hat und im entscheidenden Moment selbst bestimmt, so viel oder so wenig zu tun, wie es eben möchte. Wenn sich beim Reiten die Kontrolle über das Pferd allmählich verbessert, stellen Sie vielleicht fest, dass sich das Pferd ungern von der Koppel holen lässt, weil es gemerkt hat, dass es nicht mehr länger die Führung hat. Das reiterliche Problem ist Auswirkung nicht Ursache der Dominanz; es wird sich bessern, wenn das Pferd allmählich gehorsamer wird.

LÖSUNG Der erste Schritt, um Aufmerksamkeit und Respekt wiederzuerlangen, besteht – natürlich – darin, mit dem Druckhalfter, wie in Teil eins beschrieben (Seite 46–51) zu arbeiten, und dann die Distanz mithilfe des langen Stricks (Seite 64–69) zu verlängern. Danach kann man bei der Arbeit an der Doppellonge (Seite 74–79) gefahrlos den Ungehorsam korrigieren, da Sie hier die Kontrolle über die Hinterhand des Pferdes haben. Das hat auch eine beträchtliche psychologische Wirkung, weil Sie so, ohne eigene Gefährdung, das Pferd dazu bringen können, Ihrem Willen zu folgen. Doch müssen Sie damit rechnen, dass das Pferd alles versuchen wird, sich zu entziehen, weil es erkennt, dass es die Kontrolle verloren hat. Diese Entziehungen äußern sich ähnlich wie unter dem Sattel, nämlich mit Kopfschlagen, Rückwärtsgehen, Davongaloppieren, Buckeln, Steigen. Versuchen Sie das nicht zu verhindern oder das Pferd zu strafen, lassen Sie jedoch nicht das Pferd die Arbeit beenden. Das Pferd hat sich dieses Verhalten angewöhnt, und es wird bald merken, dass es sich hier unnötig anstrengt.

Investieren Sie die notwendige Zeit in die Bodenarbeit, bis Sie sich völlig sicher sind, Bewegung und Richtung wieder kontrollieren zu können. Wenn Sie das erste Mal wieder aufsitzen, sollte dass im Anschluss an ein erfolgreiches Bodenarbeitstraining stattfinden und kurz und schmerzlos verlaufen – verlangen Sie vom Pferd dieselben Gehorsamsübungen wie am Boden – Rückwärtsrichten, Übertretenlassen der Hinterhand, Übertretenlassen der Vorhand, und beenden Sie danach die Arbeit.

Sinnvoll ist es, Abläufe, die am Boden gut funktioniert haben, solange zu wiederholen, bis Sie auch unter dem Sattel funktionieren. Denken Sie daran, dass ein mental gefordertes Pferd im Allgemeinen vergisst, ungehorsam zu sein. Indem Sie die gleichen Taktiken anwenden und das Pferd auffordern, sich vom Druck wegzubewegen, indem Sie es seitwärts, rückwärts und vorwärts gehen lassen, haben Sie die Mitarbeit des Pferdes wieder gewonnen. Wenn Sie in irgendeinem Stadium auf Probleme stoßen, kehren Sie sofort wieder zur Bodenarbeit zurück, bis Sie sich wieder sicher fühlen und langsam wieder darauf aufbauen können.

Dominante Pferde können sehr schwierig und manchmal sogar gefährlich sein, versuchen Sie also nicht das Problem zu lösen, indem sie ein Risiko eingehen und reiten. Sorgen Sie dafür, dass es Ihr Entschluss ist, die Arbeit zu beenden; treffen Sie diese Entscheidung durchdacht, eher früher als später – hüten Sie sich, solange weiterzumachen, bis das Pferd erneut ungehorsam wird und Sie gezwungen werden aufzugeben, oder von vorne anzufangen. Auch das Wip-Wop (Seite 95) kann ein wertvolles Mittel sein, ein klebendes Pferd zum Vorwärtsgehen anzuregen, da es nicht denselben Widerstand wie eine Gerte auszulösen scheint.

Achten Sie auf Details; parieren Sie das Pferd auch einmal durch, wenn es in die andere Richtung schaut, in die es gehen möchte. Dominante Pferde nehmen gerne die ganze Hand, wenn Sie Ihnen den kleinen Finger reichen, also reichen sie ihm gar keinen Finger. Ebenso sollte man unbedingt im Stall dieselbe Disziplin walten lassen. Langfristig gesehen wird es sich positiv auswirken, wenn Sie dem Pferd klar machen, dass es Ihren persönlichen Freiraum in jeder Situation respektieren muss. Achten Sie dabei jedoch darauf, das Pferd nicht ständig zu »belehren«. Dadurch entsteht eine Situation, in der Sie immer auf das Pferd reagieren und somit von ihm kontrolliert werden, anstatt ihm klarzumachen, dass es selbständig mit etwas weitermachen soll, bis Sie ihm etwas anderes sagen.

Fallbeispiel ... Mein Pferd verkriecht sich hinter dem Zügel

Troy, ein erfolgreiches Turnierpferd, hat inzwischen ein zweistelliges Alter erreicht. Er gibt ein recht nettes Bild ab, solange man nicht versucht, ihn aus seinem gewohnten Bewegungsmuster herauszubringen!

1 Er nimmt eine starre Haltung ein, wobei sich die Nase hinter der Senkrechten verkriecht. Man kann deutlich seine verkrampfte Halsmuskulatur sehen (rechts), obwohl die Reiterin, nur wenig Verbindung zum Pferdemaul hält.

2 Wenn Sie mit der Hand nach vorne geht (links), nimmt er die Verbindung nicht an und nimmt statt dessen die Nase nach oben.

3 Jeder Versuch, ihn »an den Zügel zu bringen« resultiert in einem Temperamentsausbruch, (siehe rechtes Bild).

4 Troy möchte sich nicht vorwärts abwärts strecken. Er hat eine defensive Haltung eingenommen. Er trägt den Kopf steif und hoch, um sich vor verschiedenen Dingen zu schützen, wie beispielsweise eine harte Reiterhand, ein falsches oder falsch angepasstes Gebiss, eine wunde Stelle oder scharfe Zahnkanten.

... Schritte zur Besserung

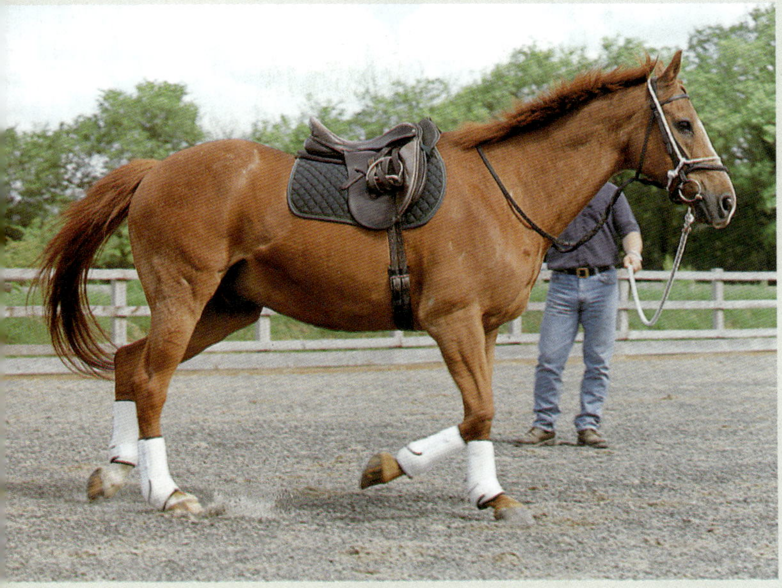

Selbst bei einem so erfahrenen Pferd wie diesem, muss man ganz von vorne beginnen. Troys Reiterin muss lernen, der Versuchung zu widerstehen, die Verbindung aufzunehmen, und ihn statt dessen solange vorwärts reiten, bis er sich entspannt. In einer solchen Situation muss auf alle Fälle vermieden werden, eine Hilfe mit einer anderen wieder aufzuheben: in diesem Fall bedeutet das, wenn Sie das Pferd mit dem Schenkel vorwärts treiben, dürfen Sie die Zügel nicht zu stark aufnehmen und es dadurch am Vorwärtsgehen hindern. Die Anlehnung ist eine Feinheit, die später hinzukommt; in diesem Stadium ist das Pferd dafür noch nicht bereit. Komplizieren Sie die Dinge nicht unnötig.

1 Nach der Gewöhnung an das Druckhalfter beginnt Troy mit dem Longieren am langen Strick (siehe Seite 46–50). Zu Beginn der Arbeit sieht man deutlich, welche Haltung er sich angewöhnt hat.

2 Gibt man ihm die Möglichkeit, selbst etwas auszuprobieren, lässt er allmählich vorsichtig die Nase fallen und dehnt seinen Rücken. Es ist zu hoffen, dass er bald erkennt, dass diese Haltung wesentlich angenehmer ist als seine bisherige.

FALLBEISPIEL ... Mein Pferd verkriecht sich hinter dem Zügel (Fortsetzung

3 Als Nächstes arbeiten wir mit der Doppellonge. Hier wiederholt sich die Geschichte! Troy nimmt anfänglich seine alte defensive Haltung ein. Lassen Sie sich nicht entmutigen, auch wenn Sie das Gefühl haben, dass auf jeden Schritt nach vorne, ein Schritt zurück folgt. Das ist ganz normal und bedeutet nicht, dass das Pferd dabei nicht lernt. Wenn Sie Geduld haben und die vorangegangenen Lektionen gut sitzen, werden Sie, wie auch hier, einen Erfolg sehen.

4 Seine anfängliche Haltung überrascht uns nicht – er zögert, sich vorwärts abwärts zu strecken, dasselbe Verhaltensmuster wie unter dem Sattel. Er muss jetzt ohne Hilfe des Reiters, und ohne gegen ihn kämpfen zu müssen, selbstständig eine Haltung suchen, die er als so angenehm empfindet, dass er sie von sich aus über einen längeren Zeitraum beibehalten möchte. Dabei helfen ihm die Longierleinen, die so verschnallt sind, dass sie ihm den Weg zu einer »besseren Haltung« zeigen.

Hände hoch. Die »Hände hoch« Übung (siehe Seite 98) ist für Troy von unschätzbarem Wert. Jedes Mal, wenn er den Kopf nach oben wirft, gehen auch die Hände nach oben.

5 Obwohl sich Troy hier noch nicht in einem »guten« Rahmen bewegt, da er flach und schwunglos geht, ist er zumindest entspannt und zeigt, dass er seine Lebenseinstellung in den vergangenen 20 Minuten geändert hat. Es ist ein Anfang, auf dem wir aufbauen können; vergleichen sie dieses Bild mit den ersten Bildern von ihm, auf denen er so verspannt war, dass man nicht mit ihm arbeiten konnte. Vergleichen Sie auch die Form und »Beschaffenheit« seiner Halsmuskulatur.

... Schritte zur Entspannung

6 Nach weiteren fünf Minuten hat sich Troy noch stärker verbessert. Nun bin ich sein Reiter, und ich habe das Gebiss gegen die von mir bevorzugte Myler-Kombination (siehe unteres Bild) getauscht. Meiner Meinung nach eignet sich diese Trense gut für Pferde, die sensibel auf den Druck des Gebisses reagieren und nach dem Prinzip von Druck und Entspannung ausgebildet worden sind, da die Einwirkung zuerst über den Nasenriemen und dann erst über das Gebiss erfolgt.

7 Das ist etwas völlig Neues für Troy – er kann seine Nase wirklich bis zum Boden herunternehmen! Sein Gesichtsausdruck zeigt, dass ihn diese Übungsstunde trotz seiner recht guten Kondition mental sehr angestrengt hat. Das kommt daher, weil er zwar nicht härter, aber effektiver gearbeitet hat und andere Muskelgruppen einsetzen musste.

MYLER GEBISSE

Myler Gebisse gibt es in vielen Ausführungen, d.h., Sie können ein Gebiss auswählen, das Ihrem Können und dem Ausbildungsstand des Pferdes entspricht und im Laufe der Zeit auf andere Kombinationen umsteigen. Sie können ein Myler Gebiss im Training und zum Ausreiten benutzen, in einigen Prüfungen, wie z. B. Dressurprüfungen, sind sie jedoch nicht erlaubt. Der Wechsel zu einem herkömmlichen Gebiss ist einfach: Den Pferden fällt es viel leichter, von einem Myler zu einem Trensengebiss zu wechseln, als z. B. von einem Pelham zu einem Trensengebiss.

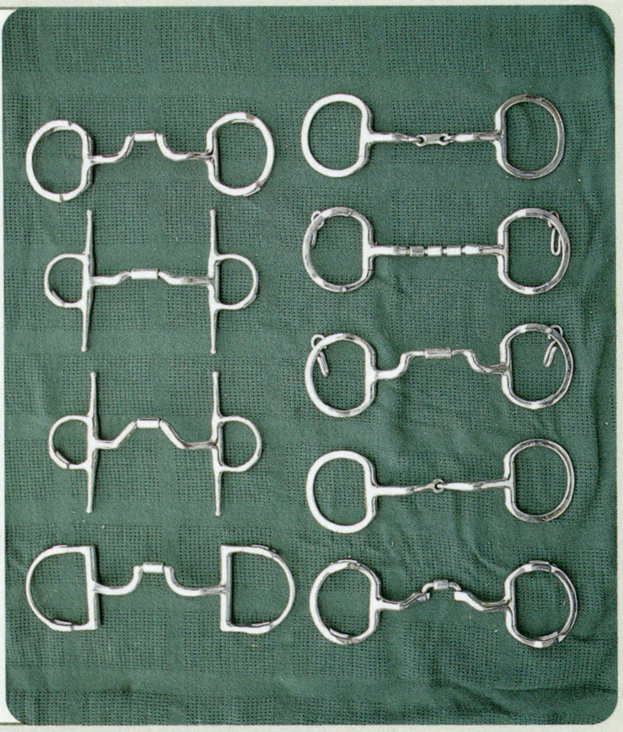

FALLBEISPIEL ... Mein Pferd geht auf der Vorhand

In diesem Bild bewegt sich Joe zwar entspannt, jedoch schwunglos auf der Vorhand. Wie können wir seinen Bewegungsablauf ohne 40-minütige »Schinderei« ändern?

1&2 Obwohl er sich in einem langen und tiefen Rahmen bewegt, erweckt Joe im Trab und Galopp den Anschein, als ob er bergabtraben oder galoppieren würde, weil er so stark auf der Vorhand geht. Er muss dazu gebracht werden, seinen »Motor« zu aktivieren, indem er mit den Hinterbeinen weit untertritt.

3 Hier kann man gut erkennen, wie die Arbeit an der Doppellonge Joe dazu ermuntert hat, schwungvoll mit der Hinterhand unterzutreten. Dieser Weg führt zu Selbsthaltung und größerer Versammlung unter dem Sattel; er muss dies jedoch zunächst ohne Reiter lernen.

... Schritte zu mehr Aktivität der Hinterhand

4 Als Nächstes wird das Erlernte auf die Arbeit unter dem Sattel übertragen. Nach nur 10-minütiger Arbeit an der Doppellonge geben beide ein viel besseres Bild ab. Pferd und Reiterin befinden sich in einem »Engelskreis«; die Reiterin kann ruhig und geschmeidig sitzen, weil das Pferd leicht, ausbalanciert und willig vorwärts geht.

FALLBEISPIEL ... Mein Pferd ist schief

Hier sehen wir Troy wieder. Obwohl er sich beim Reiten inzwischen verbessert hat (s. S. 134–137), muss er noch feiner auf die Hilfen abgestimmt werden.

1 Hier können Sie sehen, dass Troy seine Nase immer noch nach links nimmt, obwohl ich ihm den Zügel nach rechts öffne. Daraus schließe ich, dass er sich auch in der Bewegung schief machen wird.

2 Meine Vermutung erweist sich als richtig. Sobald ich keine Hilfen mehr gebe und einfach ruhig sitze, um zu sehen, was passieren wird, wenn ich ihn auf gerader Linie ohne Einwirkung galoppieren lasse – bewegt er sich alles andere als gerade.

3 Troy hat seine Reiterin erzogen. Sie strengt sich sehr an, ihn gerade zu halten und seine Hinterhand daran zu hindern, nach links in die Bahn zu kommen, da Sie sich bewusst ist, dass dies normalerweise passiert. Bei diesem Bemühen ist sie in der linken Hüfte eingeknickt. Ich habe sie angewiesen, die Hinterhand nicht zu korrigieren, und sie glaubt, in diesem Moment ihr linkes Bein nicht einzusetzen. Dies ist ein gutes Beispiel dafür, wie Pferde uns dazu »erziehen«, sie so zu reiten, wie sie geritten werden möchten.

4 Wie bei allen Problemen, beginnen wir auch hier mit der Bodenarbeit. In diesem Fall soll sie Troys Schultern mobilisieren und seine Hinterbeine gleichermaßen aktivieren. Dadurch wird die Grundlage gebildet, dass das Pferd seinen Körper koordinieren und auf beiden Seiten gleichermaßen einsetzen kann, welches die Voraussetzung ist, um Korrekturen unter dem Sattel durchführen zu können.

... Schritte zum Geraderichten

5 Wenn wir das bisher Erlernte nun mit der Arbeit unter dem Sattel verknüpfen, wird deutlich, dass sich die Bodenarbeit ausgezahlt hat, und wir jetzt ein wesentlich gerade gerichteteres Pferd haben. Um ein Pferd gerade zu richten, darf man nicht die Hinterhand mit dem Schenkel korrigieren, sondern muss die Schultern auf die Hinterhand mithilfe des Zügels ausrichten, selbst wenn man dabei in die Bahn hineinkommt. Durch beharrliches und konsequentes Reiten wird Troy allmählich lernen, seine Haltung selbst zu korrigieren.

FALLBEISPIEL ... Mein Pferd macht sich im Kiefer und Genick fest

1 Einige Probleme lassen sich bereits erahnen, noch bevor das Pferd überhaupt einen Schritt gemacht hat. Selbst im Halten sieht man an ihrer angespannten und starren Kiefer- und Halsmuskulatur, dass Bailey sich gegen das Gebiss wehrt – sie reagiert nicht auf meinen durchaus angemessenen Druck und »hält« das Gebiss zwischen nahezu zusammengepressten Zähnen. Außerdem ist an ihren Ohren eindeutig abzulesen, dass sie mit ihren Gedanken ganz woanders ist und mir keinerlei Aufmerksamkeit schenkt. All dies zeigt mir sofort, dass Bailey das Prinzip von Druck und Entspannung nicht kennt und zunächst einmal mit dem Druckhalfter und dem langen Strick arbeiten muss (siehe Seite 64–65, wo sie bei diesen Übungen zu sehen ist).

2 Ich führe noch ein weiteres einfaches Experiment durch, wodurch sich Baileys vollkommene Unkenntnis des Druckprinzips bestätigt. Obwohl sie eine relativ erfahrene Stute ist, muss ich ihren Kopf buchstäblich herumziehen, um ihn zu wenden, während sie dabei die Augen schließt und mir den Eindruck vermitteln möchte, völlig abwesend zu sein. Damit sie diesen Widerstand aufgibt, muss ich mir etwas Neues ausdenken, mit dem ich sie animieren kann. Ihren Kopf einfach mit meinen Händen herunterzuziehen ist absolut keine Lösung. Sie kennt das bereits und kann das inzwischen sehr gut ignorieren.

5 Als Nächstes wird die Übung im Schritt wiederholt. In dieser leicht veränderten Situation fällt Bailey in ihr altes Verhalten zurück, also tue ich dasselbe! Wenn sie den Kopf hochnimmt, nehme ich meine Hände hoch.

6 Sie erkennt, dass auch im Schritt dieselben Regeln gelten – sie senkt den Kopf, um in den Wohlfühlbereich zu kommen, den sie vom Halten her kennt. Für diese Arbeit benötigt man viel Geduld und Beharrlichkeit, Sie werden jedoch überrascht sein, wie schnell das Pferd reagiert, wenn Sie Ihre Korrekturen absolut konsequent durchführen. Ein weiteres Mittel, um den Widerstand ohne Kampf zu brechen, ist das Pferd sehr stark zu biegen und es dadurch in eine Haltung zu führen, die es als angenehmer empfindet; dabei dürfen die Zügel jedoch nicht verkürzt werden.

... Schritte zur Entspannung

4 Nach einiger Zeit erinnert sich Bailey allmählich an das Prinzip von Druck und Entspannung und findet es angenehm, den Kopf fallen zu lassen. Ich gebe sofort mit der Hand nach, um sie zu belohnen.

3 Zusätzlich zu häufig stattfindender Bodenarbeit, die ihr ein klares Verständnis von Druck und Entspannung vermitteln soll, muss Bailey jedes Mal, wenn Sie geritten wird, die »Hände hoch« Übung (siehe Seite 98) ausführen. Wenn Sie eine leichte Verbindung aufnehmen, darf sich das Pferd nicht widersetzen. Tut es das doch, dann behalten Sie einen gleichmäßigen Druck bei (kein Herumzupfen oder Eindrehen der Hand), um ihm klar zu machen, was Sie von ihm erwarten.

7 Viele sind der Meinung, dass sämtliche Probleme, die mit dem Maul oder dem Gebiss zusammenhängen, durch einen Wechsel des Gebisses gelöst werden können. Das mag in manchen Fällen vielleicht zutreffen, sollte jedoch immer der letzte und nicht der erste Schritt sein. Nachdem ich mit dieser Stute gearbeitet habe, bin ich zu dem Schluss gekommen, dass sie bezüglich des Gebisses eine derart große mentale Blockade aufgebaut hat (wahrscheinlich als Ergebnis jahrelangen Unbehagens), dass uns beiden ein neuer Ansatz weiterhelfen wird. Aus diesem Grund habe ich das Gebiss gegen ein Hackamore ausgetauscht.

8 Das Resultat ist erstaunlich und ein hervorragendes Beispiel dafür, wie Verspannungen in einem bestimmten Bereich – selbst relativ geringe – den gesamten Körper blockieren können und verhindern, dass er problemlos und geschmeidig funktioniert. Versuchen Sie einmal mit zusammengebissenen Zähnen oder mit am Körper angepressten Armen zu laufen. Es ist ermüdend, schwerfällig und sehr uneffektiv, obwohl Sie mit den Beinen und nicht mit den angespannten Körperteilen laufen! Nachdem die Verspannungen im Hals und Kiefer beseitigt sind, kann sich Bailey frei aus der Schulter heraus, leichtfüßig und elegant vorwärts bewegen.

FALLBEISPIEL ... Mein Pferd buckelt und ist übermütig

1 In Davys Fall sieht es so aus, dass sich aus seinem von Natur aus temperamentvollen Wesen heraus einige übermütige und respektlose Angewohnheiten entwickelt haben, obwohl man natürlich bei buckelnden oder ähnlich ungehorsamen Pferden zunächst körperliche Schmerzen oder einen schlecht sitzenden Sattel als mögliche Faktoren ausschließen muss. Davys Besitzerin Jane gibt zu, dass sie Davys Buckeln bis jetzt nie sehr ernst genommen und für ungefährlich und sogar amüsant gehalten hat, worauf Davy ein richtiges Kunststück daraus gemacht hat: Aus einem sehr federnden Galopp, verkürzt er die Sprünge immer mehr, bis er vorne die Bremse zieht (links) und Jane nach vorne aus dem Sattel bringt, so dass er die Möglichkeit hat, mit den Hinterbeinen auszuschlagen (unten links).

2 Janes Angewohnheit nach vorne zu lehnen und ihren Unterschenkel zu weit nach hinten rutschen zu lassen (links) ist im diesem Falle nicht gerade hilfreich; Davy wird dadurch möglicherweise irritiert und zu einer Reaktion provoziert. Außerdem ist dadurch mit Sicherheit ihre Stabilität im Sattel gefährdet, wodurch Davy das Buckeln noch erleichtert wird.

3 & 4 Ich setze mich auf Davy und obwohl ich ihn nicht aktiv daran hindere, erkennt Davy auf einmal, dass es ihm sein Reiter schwerer macht zu buckeln. Das tue ich, indem ich meinen Unterschenkel fest am Gurt liegen lasse und mit meinem Gewicht nicht aus dem Sattel komme. Dadurch hat er nicht mehr so viel Freiheit im Rücken und in den Hinterbeinen, in die Luft zu gehen. Außerdem pariere ich ihn jedes Mal, wenn er buckelt, zum Halten durch und zwinge ihn dazu, seine Füße dorthin zu stellen, wo sie hingehören, nämlich auf den Boden, weit unter den Körper geschoben (mittleres Bild).

5 Nach ein paar Minuten kann man sehen, dass Davy nicht mehr ganz so viel Spaß an der Sache hat. Er buckelt zwar noch ab und zu, allerdings eher halbherzig und aus der Gewohnheit heraus.

... wir bringen alle vier Füße fest auf den Boden

6 Hier versuche ich das Verhalten zu provozieren, bei dem Davy für gewöhnlich wie auf den anfänglichen Bildern reagiert, nämlich vorne die Bremse zieht und hinten ausschlägt. Es gelingt ihm jedoch nicht, mich nach vorne aus dem Sattel zu ziehen, wie er das bei Jane gewöhnt ist. Meine Haltung bleibt unverändert, darum gibt er auch schnell auf. Man kann ihm beinahe ansehen, wie er überlegt, ob sich die Mühe überhaupt lohnt!

7 Jetzt können wir uns darauf konzentrieren, uns gemeinsam zu verbessern. Da Davy nicht mehr länger herumalbert, kann ich mich ganz auf das Reiten konzentrieren und interessantere Lektionen mit einbauen, die ihn mental und körperlich fordern, was für diesen Typ Pferd sehr wichtig ist.

8 Nun sitzt Jane wieder im Sattel und konzentriert sich darauf, ihre Unterschenkel an ihrem Platz zu belassen. Vergleichen Sie das mit ihrem vorherigen Sitz (2). Wie wir alle wissen, ist es äußerst schwierig, alte Angewohnheiten zu ändern, besonders wenn es sich um das eigene Pferd handelt und Sie sich perfekt den jeweiligen Stärken und Schwächen angepasst haben! Etwas zu ändern ist vergleichsweise wie wenn man sich gleichzeitig auf den Kopf klopft und den Bauch reibt und sicherlich schwierig auf einem Pferd, das die Schwächen des Reiters auszunützen weiß.

9 Indem Sie jedoch in kleinen Schritten immer weiter an sich arbeitet – hier, indem sie das Bein weiter nach vorne bringt, als wo es normalerweise liegt und fest im Sattel sitzt, anstatt nach vorne zu fallen – kann Jane die Bocksprünge auf genau dieselbe Weise unterbinden, wie ich es tat, bis Davy diese Angewohnheit ganz verliert. Wie man sieht, hat sie seinen Respekt und seine Aufmerksamkeit wiedergewonnen, so dass sie sich aufs Reiten konzentrieren kann.

Probleme im Umgang und ihre Lösungen

Mein Pferd ... lässt sich nur schwer auf der Koppel einfangen

Das ist häufig der Nachteil, wenn man Pferden die Freiheit gibt, ganz auf der Weide, statt im Stall zu leben. Langfristig gesehen läuft es einfach darauf hinaus, dem Pferd zu vermitteln, dass alles Gute vom Menschen kommt. Wenn Sie gerade eine Stunde gebraucht haben, Ihr Pferd auf der Koppel einzufangen, verspüren Sie vielleicht nicht allzu viel Lust, es einfach nur zu streicheln und es dann sofort wieder laufen zu lassen. Aus psychologischer Sicht ist das jedoch sinnvoller, als es aufzusatteln und mit ihm zu arbeiten. Ich habe bei sehr vielen Pferden, die sich nicht einfangen lassen wollten, festgestellt, dass dies etwas mit Unbehagen zu tun hatte. Sie bringen das Eingefangenwerden mit etwas Unangenehmem in Verbindung – sei es das Sattelzeug, die Arbeit an sich, der Reiter oder sonst etwas. Beobachten Sie beim Putzen, ob Ihrem Pferd etwas nicht gefällt. Schneidet es Grimassen, wenn Sie es im Bereich des Sattelgurtes putzen oder den Gurt anziehen, ist das nicht unbedingt nur ein Anzeichen dafür, dass es kitzelig ist, es könnte auch Schmerzen haben. Dies bestätigt sich möglicherweise durch sein Verhalten unter dem Sattel, wenn es beispielsweise buckelt oder sich nicht über Trabstangen und Hindernisse strecken möchte. Wenn Sie das körperliche Problem beseitigt haben, kann es eine Weile dauern, bis das Pferd lernt, dass dieses Verhalten nicht mehr nötig ist.

LÖSUNG Ich bin nicht sehr dafür, Futter als Lockmittel einzusetzen: Zum einen hat man vielleicht nicht immer etwas bei sich, oder das Pferd hat einen vollen Grasbauch und demzufolge kein Interesse daran. Hier kann das Join-Up und das »Wegschicken des Pferdes« außerordentlich hilfreich sein. Außerdem würde ich wirklich dringend empfehlen, so hart es auch sein mag, das Pferd, sobald Sie es eingefangen haben, zu streicheln und zu belohnen und es dann wieder laufen zu lassen, anstatt es jedes Mal zur Arbeit hereinzuholen.

Als ich ein Kind war, ließ sich mein Pony Flicka manchmal nur schwer einfangen. Eines Tages verlor ich die Geduld und rannte hinter ihm her, wobei ich das Halfter über meinem Kopf schwang (Ich war damals 13 Jahre alt und sehr wütend auf das Pony). Es rannte mit erhobenem Schweif und Kopf los und ich befürchtete, die Sache nur noch schlimmer gemacht zu haben. Als ich nicht mehr konnte, lief ich langsam, ziemlich entmutigt zum Koppeltor zurück. Plötzlich fühlte ich Flickas Gegenwart hinter mir. Als ich ihn das nächste Mal einfangen wollte, wiederholte ich das Ganze, und er kam wieder zu mir, diesmal etwas schneller. Ich hatte keine Ahnung, warum er das tat, aber es wurde für uns zu einem Ritual – zu einem Spiel. Ich dachte, er spielte vielleicht gerne Fangen.

Natürlich ist es nicht hilfreich, dem Pferd Angst einzujagen, indem man es minutenlang auf der Koppel herumscheucht, dadurch wird die Sache eher noch schlimmer, es sei denn, es geschieht in einer durchdachten Weise als Teil des Join-Up. Dabei muss man solange weitermachen, bis sich ein Erfolg einstellt; indem man es wegtreibt und sich dann wieder ein wenig zurückzieht, passive Körpersprache einsetzt und sich dem Pferd in einem Winkel von 45 Grad nähert, ohne ihm dabei in die Augen zu schauen. (Näheres über das Join-Up können Sie in meinem Buch So verstehe ich mein Pferd nachlesen.) Bei einem sehr schwer einzufangenden Pferd können Sie sich die Sache erleichtern, indem Sie es mit einem Halfter und einem sehr kurzen Strick auf die Weide stellen (achten Sie darauf, dass es beim Grasen nicht auf den Strick treten kann, und dass das Halfter aufgeht, falls das Pferd irgendwo hängen bleiben sollte). Bringen Sie es auf eine kleinere Weide, damit Sie nicht kilometerlang laufen müssen und es in Bewegung halten können. Wenn es sich 10 Minuten am anderen Ende einer riesigen Koppel ausruhen und grasen kann, bis Sie es endlich eingeholt haben, stehen die Chancen für den Erfolg sehr schlecht!

In einem meiner Kurse erzählte mir ein Teilnehmer, dass er ein Pferd auf einer riesigen Weide hielt und einfach nicht an es herankam, daher entschloss er sich, das Join-Up von einem Quadbike aus zu versuchen. Also folgte er dem Pferd langsam über die Koppel und hielt es in Bewegung, ohne es dabei zu erschrecken. Jedes Mal, wenn es so aussah, als ob es nachgeben würde, stieg er vom Quadbike ab und versuchte das Join-Up durchzuführen. Lief das Pferd wieder weg, sprang er wieder auf und folgte ihm wieder. Schließlich erzielte er das Join-Up und das Pferd folgte ihm nach Hause.

Mein Pferd ... ist im Stall gestresst

LÖSUNG Es gibt verschiedene Gründe dafür, warum sich Pferde im Stall gestresst fühlen; der offensichtlichste ist der, dass sie es als Herdentiere nicht mögen, eingesperrt zu sein, also muss man zunächst die Haltungsbedingungen überprüfen. Pferde müssen jeden Tag die Gelegenheit haben, sich in der Gesellschaft anderer Pferde frei bewegen und grasen zu können. Ist das in Ihrem Pensionsstall nicht möglich, dann solltem Sie sich einen anderen Stall suchen.

Manche Pferde haben auch gelernt, dass sie ihre Besitzer durch Temperamentsausbrüche kontrollieren können, selbst wenn die Reaktion des Besitzers negativ ausfällt. Ich hatte einmal ein solches Pony zur Korrektur. Sobald die Besitzerin morgens aufstand, musste sie im Dunkeln herumschleichen, da das Pony völlig ausrastete und seine Box zusammenschlug, wenn es nicht innerhalb von ca. 30 Sekunden sein Futter erhielt. Als es in meinen Stall kam, zeigte er dieses Verhalten eigentlich nicht. Ich kam zu dem Schluss, dass es ihm nicht um das Futter oder den Stall ging, sondern um Dominanz. Es wusste, dass es nicht mehr die Oberhand hatte, und dass ich der Chef war. Um eine Lösung zu finden, musste die Besitzerin mit einbezogen und zum Chef werden, damit dem Pony klar wurde, dass es nicht mehr länger die Rangordnung anführte. Das erfolgte durch Bodenarbeit und indem die Besitzerin bestimmter auftrat und dabei in Ruhe die Kontrolle übernahm. Wenn Sie ein ähnliches Problem haben, dann analysieren Sie zunächst Ihre gesamte Beziehung zu ihrem Pferd und nicht nur das eine separate Problem; wahrscheinlich wird Ihnen bewusst werden, dass es einige Bereiche gibt, in denen das Pferd die Kontrolle übernommen hat, sei es im Umgang oder beim Führen oder Reiten.

Mein Pferd ... wird durch Veränderungen aus der Fassung gebracht

LÖSUNG Die meisten Pferde möchten, dass alles immer seinen gewohnten Gang geht, einige reagieren bei Veränderungen jedoch besonders nervös, das sind für gewöhnlich diejenigen, die in vielen Situationen unsicher sind. In meinen Stall kommen viele junge Pferde zum Anreiten und oftmals zeigen sich die Besitzer darüber besorgt, ob und wie ihr Pferd mit der neuen Umgebung zurechtkommen wird. Einige Pferde waren zuvor noch nie aufgestallt oder sind in einem Hänger gefahren, daher ist es verständlich, dass sich die Besitzer Sorgen machen. Ich habe jedoch herausgefunden, dass sich die jungen Pferde bald eingewöhnen, sobald die Besitzer heimgefahren sind, und man ruhig mit ihnen umgeht und ihnen Vertrauen vermittelt. Pferde lassen sich von den Gefühlen anderer anstecken, auf diese Weise überleben sie in der Herde. Ist ein Pferd in Alarmbereitschaft, sind es die anderen auch. In der Freiheit gibt es nicht viele Pferde, die nicht mit der Herde davongaloppieren würden und statt dessen zurückbleiben, um zu sehen, ob dort drüben wirklich ein Löwe lauert! Dasselbe gilt auf einem Turnier oder einem anderen fremden Ort. Natürlich kommt es auch vor, dass ein Pferd bereits eine schlechte Erfahrung gemacht hat; ist jedoch durch die Bodenarbeit eine Beziehung entstanden, in der das Pferd beim Menschen Zuspruch sucht, sollte das mit wachsendem Vertrauen besser werden.

Ich weiß, dass sich mein Pferd Pelo von meiner Nervosität anstecken lässt. Zu Hause klappt alles wunderbar, wenn wir jedoch auf Vorführungen oder auf Springturniere fahren, sind er und ich gleichermaßen aufgedreht. Er weiß, dass jetzt etwas anderes kommt. In der Tat machen ihm seine Auftritte inzwischen richtig Spaß, ein riesiger Unterschied zu seinem Verhalten, als ich ihn gekauft hatte. Damals ging alles gut, bis sich etwas veränderte oder ein Traktor vorbeifuhr, danach verwandelte er sich in ein nervöses Wrack. Jetzt, da sein Selbstbewusstsein und sein Vertrauen wiederhergestellt sind, ist er ein Star, der es liebt, vor einem Publikum aufzutreten.

Schlusswort

Für mich wird es in den nächsten paar Jahren einige Veränderungen geben. Zunächst werde ich weniger Zeit damit verbringen, fremde Ställe zu besuchen. Obwohl ich diese Arbeit sehr liebe, muss ich mehr Zeit zu Hause mit meinen drei Jungs James, William und Jack verbringen.

Zum Zweiten möchte ich gerne mehr Zeit für meine Weiterbildung verwenden – insbesondere was meine Reiterei betrifft. Ich möchte mich näher mit der klassischen Reiterei beschäftigen und herausfinden, wie ich diese mit meiner eigenen Trainingsphilosophie in Einklang bringen kann. Außerdem würde eine Verbesserung meines Sitzes und meiner Balance wahrscheinlich allen Bereichen der Reiterei zugute kommen – besonders auch dem Springen. Ich würde sehr gerne eine Weile bei jemandem wie Tim Stockdale verbringen.

Außerdem habe ich eine Einladung von den »Devil's Horsemen« erhalten, einem Stuntteam, das in Milton Keynes stationiert ist, auf die ich mich sehr freue.

Zu guter Letzt würde ich sehr gerne mehr Zeit für Nosey (King's Copy) haben, dem Hengst, der von Cathy Hedges zu mir kam. Er hat sich in den letzten 12 Monaten wirklich verändert und obwohl er jetzt bereits 5 Jahre bei mir ist, habe ich jetzt das Gefühl, dass er mich auf sich reiten lassen würde – auch wenn es ohne Sattel ist. Mein Traum ist einmal eine Dressurkür ohne Sattel und ohne Trense zu reiten. Achten Sie auf meine 2004 geplanten Vorführungen.

Ich möchte ferner diese Gelegenheit nutzen, allen zu danken, die mich über die Jahre hinweg unterstützt haben – ob Sie es glauben oder nicht, es war niemals meine Absicht, ein bekannter Pferdemann zu werden – nur ein guter.

Alle Ausrüstungsgegenstände, die ich benutze, sind zu beziehen über:
Equestrian Merchandise Ltd.
14 Woodyard Close
Brigstock
Northampton NN143LZ, UK
Tel.: 0044-(0)1536-373049

Um einen Besuch oder eine Vorführung zu vereinbaren, kontaktieren Sie bitte Nikki, bei der Firma Equestrian Services Ltd.
Tel.: 0044-(0)1799-542738.

Der Pferdezahnarzt Greg Wood ist unter Telefon 0044-(0)2380-692671 zu erreichen.

Schließlich möchte ich dieses Buch Andy Andrews widmen, der im Oktober 2002 gestorben ist. Nicht nur ich, sondern auch die vielen Pferde, die er behandelt hat, vermissen ihn sehr.

STICHWORTVERZEICHNIS

TIPPS ZUM WEITERLESEN

Zum Training

Arz, Christa
Bodenarbeit; Pferdetraining an der Hand
Müller Rüschlikon Verlag, 2000

Bayley, Lesley/Maxwell, Richard
So verstehe ich mein Pferd
Müller Rüschlikon Verlag, 1997

Bruns, Ursula/Tellington-Jones, Linda
Die Tellington-Methode;
So erzieht man sein Pferd
Müller Rüschlikon Verlag, 1985

Maxwell, Richard/Sharples, Johann
Sanfte Pferdeausbildung;
Vom »Join-Up« zum Anreiten
Müller Rüschlikon Verlag, 2000

Mills, Daniel/Nankervis, Kathryn
Pferdeverhalten erklärt;
Mit neuesten wissenschaftlichen Erkenntnissen aus der Praxis
Müller Rüschlikon Verlag, 2004

Swift, Sally
Reiten aus der Körpermitte;
Pferd und Reiter im Gleichgewicht
Müller Rüschlikon Verlag, 1989

Swift, Sally
Reiten aus der Körpermitte, Band 2
Müller Rüschlikon Verlag, 2003

Für gesunde Pferde

Gösmeier, Dr. med. vet. Ina
Akupunktur; Gesundheit erhalten – Krankheiten heilen mit Akupunktur, Akupressur und chinesischen Kräutern
Müller Rüschlikon Verlag, 2003

Gruber, Dr. Regine
Pferdehaltung; Gesunde Pferde durch gesunde Haltung
Müller Rüschlikon Verlag, 2004

Heinrich, Heidemarie
Sommerekzem; Erscheinungsbild, Ursachen, Behandlung
Müller Rüschlikon Verlag, 2003

Heüveldop, Sabine
Atemwege; Erkrankungen vorbeugen, erkennen und behandeln
Müller Rüschlikon Verlag, 2002

Heüveldop, Sabine/Hackbarth Annette
Alte Pferde; Gesundheitsmanagement für mehr Vitalität im Alter
Müller Rüschlikon Verlag, 2003

Heüveldop, Sabine/ Gösmeier, Dr. med. vet. Ina
Homöopathie; Gesundheit erhalten, Krankheiten behandeln
Müller Rüschlikon Verlag, 2004

Schmidt, Romo/ Häusler-Naumburger, Dr. med. vet. Ulrike
Allergien; Pferde-Allergien vorbeugen, erkennen und behandeln
Müller Rüschlikon Verlag, 2001

Schmidt, Romo/Häusler-Naumburger, Dr. med. vet. Ulrike/Dübbert, Thomas
Hufrehe; Vermeidung, Früherkennung, Heilung
Müller Rüschlikon Verlag, 2002

Schulte Wien, Beatrix
Osteopathie; Bewegungsblockaden vorbeugen, erkennen, beheben
Müller Rüschlikon Verlag, 2000

Schulte Wien, Beatrix
Pferdezähne; Zahnprobleme erkennen und behandeln
Müller Rüschlikon Verlag, 2003

Stammer, Stefan
Physiotherapie; Prävention – Rehabilitation – Leistungsoptimierung
Müller Rüschlikon Verlag, 2004

Ulbrich, Tanja
Massage; Muskel- und Gelenkprobleme erkennen und beheben
Müller Rüschlikon Verlag, 2000

von Künsberg, Isabella
Bach-Blütentherapie; Harmonie und Wohlbefinden für die Einheit von Pferd und Mensch
Müller Rüschlikon Verlag, 2002

Wilde, Clare
Reiki; Heilende Energie für Pferd und Reiter
Müller Rüschlikon Verlag, 2000

Wyche, Sara
Der Pferderücken; Rückenprobleme erkennen und behandeln,
Müller Rüschlikon Verlag, 2000